"互联网+"背景下
高校思政教学模式研究

周红霞 ◎ 著

中国出版集团

中译出版社

图书在版编目（CIP）数据

"互联网+"背景下高校思政教学模式研究 / 周红霞
著. -- 北京：中译出版社, 2024. 6. -- ISBN 978-7
-5001-8002-9

Ⅰ. G641

中国国家版本馆CIP数据核字第20245XM578号

"互联网+"背景下高校思政教学模式研究

"HULIANWANG+" BEIJING XIA GAOXIAO SIZHENG JIAOXUE MOSHI YANJIU

出版发行 / 中译出版社

地　　址 / 北京市西城区新街口外大街28号普天德胜大厦主楼4层

电　　话 / （010）68359827, 68359303（发行部）；68359287（编辑部）

邮　　编 / 100044

传　　真 / （010）68357870

电子邮箱 / book@ctph.com.cn

网　　址 / http://www.ctph.com.cn

策划编辑 / 于建军
责任编辑 / 于建军
封面设计 / 蓝　博

排　　版 / 雅　琪
印　　刷 / 廊坊市文峰档案印务有限公司
经　　销 / 新华书店

规　　格 / 710毫米 × 1000毫米　　1/16
印　　张 / 11
字　　数 / 200千字
版　　次 / 2025年1月第1版
印　　次 / 2025年1月第1次

ISBN 978-7-5001-8002-9　　　　　　　　　　**定价：78.00元**

前 言 Preface

　　随着信息技术的飞速发展和互联网的普及，我们正处于一个以数字化、网络化为主要特征的时代，即"互联网+"时代。在这个时代背景下，各行各业都在面临着深刻的变革和挑战，高等教育领域也不例外。特别是在高校思想政治教育（以下简称思政教育）这一重要领域，如何适应"互联网+"时代的要求，创新教学模式，提升教学质量，已成为摆在我们面前亟待解决的问题。

　　本书立足于这一背景，旨在深入探讨高校思政教学模式的创新与发展。通过对"互联网+"时代特征、高校思政教育现状与挑战、传统思政教学模式的弊端等进行深入剖析，我们试图找出传统模式存在的不足之处，为后续的创新提供理论指导和实践路径。

　　首先，我们将介绍"互联网+"时代的特征以及高校思政教育所面临的新形势，从技术、社会和文化等多个维度解读这一时代对教育的影响。在此基础上，我们深入分析传统思政教学模式的弊端，揭示其在新时代下的局限性和不足之处，为后续的改革与创新铺平道路。

　　其次，我们将提出基于"互联网+"的高校思政教学模式创新理念，探讨教学内容的优化整合、教学方法的创新应用以及教学资源的开发共享等方面。我们相信，通过引入信息技术手段，借助网络平台，可以更好地激发学生的学习兴趣，提升教学效果，使思政教育更贴近学生的生活和实际需求。

　　在此基础上，我们将构建"互联网+"时代下高校思政教学质量评价体系，旨在明确教学目标、监控教学过程、评价教学效果，为教学改进提供科学依据和指导。

　　最后，我们将通过实践与探索，包括实施方案的设计与实施、教师团队的培训与支持以及学生参与反馈，深入探讨"互联网 +"时代下高校思政教学模式的实践路径和可行性，为高校思政教育的改革与发展贡献我们的力量。

　　在本书的撰写过程中，我们充分借鉴了前人的研究成果，同时结合了自身的教学实践经验，力求提出切实可行的建议和解决方案。然而，我们也深知教育事业的复杂性和多样性，本书所提出的观点和方法可能并不适用于所有的情况。因此，我们期待着更广泛的讨论和深入的研究，共同推动高校思政教育的不断创新与进步。

　　愿本书能为关心高校思政教育的教育工作者、研究人员以及广大学生提供有益的参考和启示，也希望能够引发更多人的思考和关注，共同助力高校思政教育事业的蓬勃发展。

　　由于作者水平有限，书中疏漏之处在所难免，恳请广大读者批评指正。

作者

2024 年 4 月

目 录 Contents

第一章 导 论

第一节 研究背景和意义

一、研究背景

近年来，随着信息技术的迅猛发展和互联网的普及，教育教学模式正在发生着转变，这种变革也波及了高校思想政治教育领域。高校思政课教师顺应时代潮流，积极探索适应"互联网+"时代的新教学模式。这一模式的出现，既带来了诸多积极影响，也面临着一些挑战和问题。因此，有必要对高校思政课网络教育教学情况进行总结，及时发现问题并研究相应的对策，以应对新时代各种未知因素的影响。

高校思政课作为保证我国社会主义大学办学方向的主阵地，也是推进马克思主义中国化、时代化和大众化的重要课程。在互联网日益深度融合各产业的趋势下，"互联网+"背景下高校思想政治教育教学应运而生。这种模式包括慕课高校精品思政课、翻转课堂思政视频录制课、基于各类平台的思政视频直播课等。这些新兴的教学模式初步显示出了互联网教育的优势和特点。

随着互联网技术的不断发展和应用，高校思政教育也面临着更加严峻的挑战和机遇。传统的教学模式受到了互联网思维和互联网技术的冲击，迫切需要适应时代潮流，进行教学模式的创新和改革。"互联网+"背景下高校思想政治教育教学的出现，为加强思政课程建设提供了全新的路径和思路。它不仅丰富了教学手段和资源，提高了教学效率，而且有助于激发学生的学习兴趣，提升他们的学习体验和满意度。然而，同时也需要认识到，"互联网+"背景下高校思想政治教育教学面临着一些问题和挑战，比如师资队伍的建设、教学资源的整合与共享、教学内容的创新等方面仍然存在一定的不足和困难。

因此，对于"互联网+"高校思想政治教育教学模式的研究和探索具有重要的意义和价值。通过深入分析和研究，可以更好地认识"互联网+"时代下高校思想政治教育教学的特点和规律，发现其中的问题和不足，并提出相应的解决方案和对策，以促进高校思政教育事业的发展和进步，为培养德智体美劳全面发展的社会主义建设者和接班人作出贡献。

二、研究意义

（一）深入了解大学生群体

随着互联网的普及和发展，大学生群体成为网络使用的主力军之一。通过深入研究大学生在互联网上的活动特点和行为规律，可以更全面地了解他们的需求、兴趣和价值取向。这对于高校思政教育工作具有重要意义。只有深入了解学生的需求和心理，才能更好地开展针对性的思政教育工作，满足他们的学习需求，引导他们健康成长。

（二）探索思政教学模式的创新途径

互联网时代给传统的思政教学模式带来了新的挑战和机遇。传统的课堂教学模式可能已经无法满足学生多样化的学习需求和新的学习方式。因此，有必要探索更适应当代大学生特点的教学模式和方法。通过研究"互联网+"时代下的思政教学模式创新，可以发掘出更有效、更具针对性的教学方法，提高思政教育的实效性和吸引力。

（三）推动高校思政教育的发展

高校思政教育是推动大学生成长成才、培养社会主义建设者和接班人的重要途径。研究互联网时代下的思政教学模式创新，有助于为高校提供科学、实用的教学方法和策略，推动思政教育工作的不断改进和发展。通过不断创新思政教育模式，可以提高思政教育的针对性和有效性，更好地服务于国家和社会的发展需要。

（四）促进大学生全面发展

高校思政教育不仅仅是传授知识，更是培养学生的思想道德素养、创新能力和综合素质。通过创新思政教学模式，可以更好地激发学生的学习兴趣，增强他们的思维能力和创新意识，培养他们的社会责任感和公民意识，从而促进他们全面发展和成长。这对于培养德智体美劳全面发展的社会主义建设者和接班人具有重要意义。

第二节　研究目的和内容

一、探讨"互联网+"时代下高校思政教育的新形势与特点

在"互联网+"时代，高校思政教育正面临着前所未有的挑战和机遇。互联网技术的快速发展和普及使得信息传播的速度和范围大大增加，为高校思政教育带来了新的形势和特点。

第一，互联网技术的广泛应用为高校思政教育提供了更为便捷的平台和工具。通过网络教学平台，学生可以随时随地获取到思政教育资源，实现了信息的共享和交流。

第二，互联网时代下，学生的学习方式和习惯发生了明显的变化。他们更加倾向于通过网络获取知识，喜欢自主学习和探索。这就要求高校思政教育必须适应学生的学习方式，采用更加灵活多样的教学方法，增强教育的吸引力和有效性。

第三，互联网时代下，信息的碎片化和多样性也给高校思政教育带来了挑战。学生面临着来自各个方面的信息冲击和干扰，思政教育的内容和形式必须具有针对性和吸引力，才能引起学生的关注和兴趣。

"互联网+"时代下高校思政教育的新形势和特点需要我们更加深入地理解和认识，针对这些新的变化和趋势，不断创新教学理念和方法，提高思政教育的质量和效果，推动高校思政教育工作与时俱进，更好地服务于学生的成长和发展。

二、分析传统思政教学模式的弊端与挑战

传统的思想政治教育（思政教育）模式在互联网时代面临着日益突出的挑战和问题。

第一，传统思政教育模式往往呈现出内容单一、形式固化的特点。传统的思

政教学主要以课堂讲授为主,教师单向传授知识,学生被动接受,缺乏互动性和参与性。这种教学模式往往难以激发学生的学习兴趣和主动性,容易导致学习内容的枯燥乏味,学生的学习效果不佳。

第二,传统思政教育模式在适应学生多样化需求方面存在不足。随着社会的发展和学生群体的多元化,传统的教学模式往往难以满足不同学生的学习需求和兴趣。有些学生可能对传统的课堂教学模式产生抵触情绪,感到教学内容过于单一、生活化不强,难以引起他们的兴趣和共鸣。

第三,传统思政教育模式在应对互联网时代信息爆炸的挑战方面显得力不从心。在互联网时代,学生接触到的信息源头多样,涉及范围广泛,传统教学模式难以与之相匹配,往往无法提供及时、全面、准确的信息,导致学生的思想教育难以跟上时代的步伐。

传统思政教育模式存在着内容单一、形式固化、适应性不足等诸多弊端和挑战。在互联网时代,我们需要深入分析这些问题,探讨如何改进传统教学模式,更好地适应时代发展的需要,提高思政教育的质量和效果。

三、提出基于"互联网+"的高校思政教学模式创新理念

在面对"互联网+"时代下高校思政教育的挑战和问题时,需要提出基于"互联网+"的高校思政教学模式创新理念,以适应时代发展的需要并提高教育质量。

第一,基于"互联网+"的思政教学模式创新理念应包括教学内容的优化整合。这意味着要结合互联网技术的特点和优势,整合各种优质资源,丰富思政教育内容,使其更加贴近学生的生活和学习需求。通过构建多样化、生动化的教学内容,激发学生的学习兴趣和主动性,提高思政教育的吸引力和实效性。

第二,基于"互联网+"的思政教学模式创新理念应注重教学方法的创新应用。传统的课堂教学方式已经无法满足学生的学习需求,因此需要探索更加灵活多样的教学方法。例如,可以结合在线教育平台和社交媒体,开展互动式、参与性强的思政教育活动,引导学生通过讨论、分享、互动等方式深入思考和交流。

第三,还可以利用互联网技术开展个性化、定制化的教学,根据学生的兴趣和能力特点进行精准化教学,提高教学效果和学习成效。

第四,基于"互联网+"的思政教学模式创新理念还应强调教学资源的开发共享。互联网的特点在于信息的共享和开放,因此可以通过建立思政教育资源共

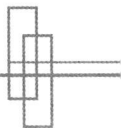

享平台，集聚各方优质资源，推动资源的共享和交流。教师可以共同开发教学资源，分享教学经验，共同提升教育教学水平。同时，学生也可以通过共享平台获取到更多的学习资源和信息，丰富自己的学习体验，提高学习效率。

四、构建互联网时代下高校思政教学质量评价体系

构建适应互联网时代的高校思政教学质量评价体系至关重要，旨在确保思政教育的有效开展和持续改进。

第一，教学目标的明确与量化是评价体系的关键一环。在互联网时代，教学目标应与时代发展需求相结合，明确反映学生思想政治素养和能力培养的要求，并进行量化指标的设定，以便进行具体的评价和监控。

第二，教学过程的监控与评估是评价体系的重要组成部分。通过建立有效的监控机制，可以及时了解教学过程中存在的问题和障碍，并对教学活动进行及时调整和优化。监控与评估还包括对教师教学效果和学生参与情况的定期评估，以确保教学过程的高效进行。

第三，教学效果的评价与改进是评价体系的关键环节。在互联网时代，可以通过多种途径对教学效果进行评估，包括学生学习成绩、学习态度和行为表现等多维度指标。同时，对评价结果进行分析和反思，及时调整教学策略和方法，不断改进教学效果，提高思政教育的实效性和针对性。

五、探索实践路径，促进高校思政教育模式的创新与发展

通过实践探索，包括实施方案的设计与实施、教师团队的培训与支持以及学生参与反馈等方面的实践活动，可以不断总结经验，优化思政教学模式，推动高校思政教育工作的创新与发展。

第一，实施方案的设计与实施是关键的一步。在设计思政教育模式的实施方案时，需要考虑到学校的实际情况、师资力量、学生特点等因素，确保方案的可行性和有效性。同时，要注重方案的创新性和前瞻性，借鉴先进的教育理念和成功的实践经验，不断探索适合当下互联网时代的思政教育模式。

第二，教师团队的培训与支持是推动思政教育模式创新的重要保障。教师是思政教育的主要实施者，他们的专业素养和教学水平直接影响到教育质量和效果。因此，需要为教师提供专业的培训和支持，增强他们的教学能力和创新意识，鼓励他们积极探索适应互联网时代的教育方法和手段。

第三，学生参与反馈是推动思政教育模式创新的重要环节。学生是思政教育的主体，他们的参与和反馈可以直接反映出教育模式的有效性和适应性。因此，需要积极倾听学生的意见和建议，加强与学生的沟通和互动，根据学生的需求和反馈及时调整教学策略和方法，不断优化和改进教育模式。

通过以上实践活动的开展，可以不断总结经验，优化思政教学模式，推动高校思政教育工作的创新与发展，为培养德智体美劳全面发展的社会主义建设者和接班人作出积极贡献。

第三节　研究方法论

研究方法论的设定，是为了保障研究的科学性、准确性和可信度，为研究结论的得出提供有效支撑。

一、文献综述法

文献综述法是一种常用的研究方法，通过查阅大量相关文献，包括学术期刊、学位论文、会议论文、书籍以及网络资源等，来深入了解国内外在"互联网+"时代下高校思政教学模式方面的研究现状和成果。在进行文献综述时，研究者需要系统地梳理已有的研究成果，探索学术界对于该领域的认识和观点，为研究提供理论依据和参考。

通过文献综述，研究者可以对当前"互联网+"时代下高校思政教学模式的发展趋势、主要特点和关键问题进行全面了解。首先，通过查阅学术期刊，可以获取到国内外学者对于高校思政教育模式的最新研究成果和观点。这些研究成果涵盖了思政教学模式创新的理论框架、实践案例、方法论探索等方面，为研究提供了丰富的理论资源。其次，学位论文和会议论文也是重要的文献来源，它们往往包含了研究者的深入思考和实践经验，可以为研究提供更具体、更实用的参考资料。再次，书籍作为系统性的文献资源，通常能够提供更加全面和深入的思政教育理论和实践经验，为研究提供了宝贵的学术支撑。最后，网络资源的广泛使用，使得研究者能够及时获取到最新的研究动态和相关数据，为研究提供了便利和速度。

二、调查问卷法

调查问卷法是一种常用的社会调查方法，在研究高校思政教育模式的创新与发展过程中发挥着重要作用。通过设计并发放问卷，针对大学生和教师群体进行调查，收集他们对思政教育模式的意见、建议和需求。这一方法的核心在于通过量化研究对象的看法和态度，获取实证数据，以便深入了解他们对思政教育的认知、评价和期望。

设计问卷时，需要合理构建问题，涵盖思政教育模式的各个方面，包括教学内容、教学方法、教学资源、教学环境等。针对不同的研究对象，可以设计不同类型的问卷，以更好地满足调查的需要。对于大学生，可以关注他们对思政教育内容的兴趣和认同程度，以及对教学方法的看法和期望；对于教师群体，则可以了解他们在实际教学中遇到的问题和挑战，以及对于教学模式改革的态度和建议。

在实施调查问卷时，需要注意保障调查对象的隐私权和问卷的匿名性，确保数据的真实性和客观性。收集到的数据可以通过统计分析和数据挖掘等方法进行处理，从而得出客观、科学的结论。这些结论将为高校思政教育模式的创新与发展提供重要参考，有助于更好地满足学生和教师的需求，提升思政教育的质量和效果。

三、实地调研法

实地调研法是一种重要的研究方法，特别适用于对高校思政教育模式的深入了解和评估。通过实地走访高校，研究者可以直接观察到教育现场的情况，深入了解不同高校在思政教育方面的做法和经验。这种方法使得研究者能够与教师、学生以及教育管理者进行面对面的交流与沟通，获取他们的真实想法和反馈。

在实地调研过程中，研究者可以通过参观教学场所、听取教学报告、观摩课堂教学等方式，全面了解高校思政教育的实际情况。同时，也可以与教师和学生进行深入地访谈，了解他们对思政教育模式的认知、评价以及存在的问题和困惑。通过与现场参与者的交流，研究者可以获得更为直观、具体的信息和观点，为后续的研究提供了实践基础和案例支持。

实地调研法的优势在于能够直接观察到教育现场的情况，获得真实的数据和反馈。与传统的文献综述法相比，实地调研法更具有针对性和客观性，能够充分了解到不同高校的特点和差异。同时，通过实地调研，研究者还能够发现问题并提出改进建议，为高校思政教育的改革和发展提供了重要的参考和支持。

四、案例分析法

案例分析法是研究思政教育模式创新的重要方法之一，通过对成功的案例进行深入分析，探讨其成功经验和借鉴价值，为研究提供实证支持和启示。在研究高校思政教育模式创新过程中，案例分析法能够帮助研究者深入了解成功案例背后的关键因素，从中汲取经验教训，为自身的研究提供借鉴和指导。

在选择案例时，应该注重案例的代表性、典型性和成功性，确保案例能够真实反映出思政教育模式创新的核心要素和关键路径。案例的选择可以涵盖不同类型的高校，包括综合性大学、专业性院校以及地区性高校，以全面展示思政教育模式创新的多样性和可行性。

在进行案例分析时，需要从多个角度进行深入研究，包括教学内容的设计与实施、教学方法的创新应用、教师队伍的培训与支持、学生参与反馈等方面。通过对案例的全面分析，可以发现成功案例背后的关键因素和机制，为研究提供丰富的实证数据和经验借鉴。

最重要的是，案例分析法不仅能够为研究提供实证支持，还能够为研究者提供直观的案例材料和具体的操作路径，帮助研究者更好地理解和把握思政教育模式创新的实践要求和策略选择。因此，案例分析法在促进高校思政教育模式的创新与发展方面具有重要的理论和实践价值。

五、实践探索法

实践探索法是在高校思政教育模式创新与发展研究中的重要方法之一。通过结合自身学校的实际情况，开展一系列实践活动，旨在验证研究提出的思政教育模式创新方案的可行性和有效性。这种方法将理论知识转化为实际行动，使研究者能够直接参与到教育实践中，从而更加深入地理解教育现实，发现问题并提出解决方案，为高校思政教育模式的创新与发展提供实践经验和启示。

在实践探索的过程中，首先需要根据研究的具体目标和问题设计实践方案，明确实践的目的、内容和方法。实践活动可以包括课堂教学实践、教学资源开发与分享、学生参与反馈等方面，以全面推进思政教育模式的创新与发展。在实践过程中，研究者应当密切关注实践活动的进展情况，及时总结经验和教训，调整实践方案，保证实践活动的顺利进行。

　　通过实践探索，研究者能够从实践中获取丰富的数据和经验，深入了解教育实践中的具体问题和挑战，发现教育模式创新的潜在机遇和障碍。同时，实践探索也为研究者提供了与师生互动的机会，促进了教学过程中的有效沟通和合作。通过与实践参与者的交流和反馈，研究者能够及时调整研究方向和策略，不断优化思政教育模式创新方案，提高其可行性和实效性。

第二章 "互联网＋"时代下高校思政教育的新形势

第一节 "互联网＋"时代的特征

一、"互联网＋"时代概念阐述

（一）"互联网＋"的内涵

罗伯特·泰勒被尊称为"互联网之父"之一，他在 20 世纪 60 年代撰写的论文《计算机作为通信设备》中提出了令人瞩目的预言："今后普通民众将可以通过计算机直接交流。"这个预言如今已成为现实，但在 1969 年，互联网的概念还是一个相对模糊的概念，甚至在互联网诞生之初并未引起人们的广泛关注。经过了五十多年的发展，互联网的概念才逐渐清晰明朗。根据文字的意义描述，互联网是由使用公共语言相互交流的计算机连接而成的网络，即国际计算机网络。这种网络由广域网、局域网和单机组成，从字面上解释即为"互联网"。互联网的出现使得民众即使相距万里，也能通过互联网进行办公和娱乐，极大地丰富了人们的生活。

20 世纪 50 年代，苏联提出了成立国防高级研究计划署（简称"阿帕"计划）的建议，以发射世界上第一颗人造地球卫星。为了解决不同计算机系统之间不兼容的问题，罗伯特·泰勒和他的团队开始研究如何连接不同的计算机系统。最初这种方法被称为"阿帕网"，后来演变成为我们今天所熟悉的"互联网"。正如工业组织形态会贯穿工业社会形态一样，互联网在当代社会已经贯穿了我们生活的始终，成为当今社会不可或缺的重要组成部分。1994 年 10 月 24 日，中国成功地实现了与国际互联网的全功能连接，成为第 77 个成功接入国际互联网的国家。尽管互联网在中国发展时间不足三十年，但其带来的巨大能量为中国的

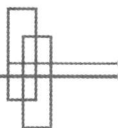

发展作出了巨大的贡献。

"互联网+"一词最早由于扬在2012年提出，后来由腾讯集团的马化腾在2014年4月21日在《人民日报》上正式提出。他将"互联网+"视为一种趋势，即将传统的各行各业与互联网相结合。

综上所述，"互联网+"是以互联网信息技术为依托，以生产要素优化、业务体系更新、商业模式重构等方式，实现互联网与传统产业的联合，完成经济转型升级的新经济形式。这种新经济形式的发展，为中国创造了巨大的经济效益，为经济的进步提供了更为广阔的空间。

（二）"互联网+"时代的演变

纵观互联网从诞生到今天实现互联网与移动端的紧密结合，互联网与大数据的紧密结合，大致可以将其发展分为三个阶段：PC互联网时代、社交互联网时代以及"互联网+"时代三个阶段。互联网最初的"开放、互动、分享"特性被赋予了"即时性"和"智能性"，从而对当代人的行为方式、思维方式产生了更深刻的影响。

1.PC互联网时代

（1）PC互联网时代的定义和特点

PC互联网时代是指计算机将电信、网通、移动和数据网络连接起来，形成覆盖全球的互联网网络。在这个阶段，互联网的终端设备主要是使用浏览器、服务器架构的个人电脑（PC）。PC互联网的特点是信息交互的固定性和相对低效性。信息交流需要通过固定的计算机设备，而且实时性相对较低。

（2）PC互联网时代的影响和意义

PC互联网时代最显著的影响之一是改变了人们与信息交互的方式。它打破了信息孤岛，让人们能够实时地获取并与任何人进行信息交流。这一时期，诸如搜狐、新浪、网易、百度等网络公司在PC互联网时代崭露头角，成为当时互联网行业的领军者。此外，PC互联网的出现也为数字化信息的传播和媒体内容的广泛传播提供了平台，推动了信息时代的到来。

2.社交互联网时代

（1）社交互联网时代的定义和特点

社交互联网时代是指随着智能手机的普及，人们在互联网上的社交行为变得越来越多样化和便捷化的阶段。这一时期，人们通过移动智能终端进行信息交流和社交活动，不再受限于固定的PC设备。人们的网络行为也逐渐延伸到现实生活中，形成了线上与线下的交融。

（2）社交互联网时代的影响和意义

社交互联网时代的到来使得人们的网上社交行为更加具有实时性和便捷性。人们通过智能手机可以随时随地进行社交互动、信息传递和实时沟通。此外，随着移动支付的普及，人们也开始通过互联网进行商品的选择、下单和支付，改变了以往的购物方式。社交互联网时代的发展为电子商务的蓬勃发展提供了有利条件，推动了互联网与传统产业的深度融合。

3."互联网+"时代

（1）"互联网+"时代的定义和特点

"互联网+"时代是以服务为内容，具有能动性、大数据、多维化等特点的第三代互联网体系。在这个阶段，互联网不再是简单的信息传递平台，而是更多地以服务为导向，通过大数据分析和智能算法为用户提供个性化、精准的服务。此外，"互联网+"时代还强调多维化的媒体技术和播放形式，如网络直播、VR虚拟技术等。

（2）"互联网+"时代的影响和意义

"互联网+"时代的到来标志着互联网的进一步深化和智能化。在这个阶段，互联网不再是简单的信息传递工具，而是能够主动提取用户需求，通过大数据分析和智能算法进行精准匹配。此外，"互联网+"时代还推动了传统产业的数字化转型和升级，促进了新兴产业的发展。整体而言，"互联网+"时代为中国的经济转型提供了新的发展路径和动力。首先，"互联网+"时代通过服务为核心，加强了互联网与各行各业的深度融合，推动了传统产业向数字化、网络化、智能化的转型升级。其次，大数据和智能算法的应用使得信息处理更加高效和精准，为用户提供了个性化、定制化的服务体验。再次，"互联网+"时代的多维化媒体技术，如网络直播、VR（虚拟现实）技术等，丰富了人们的互动体验，拓展了信息传播的形式和方式。总体而言，"互联网+"时代不仅推动了互联网与传统产业的深度融合，也促进了经济结构的转型升级，为中国经济的持续发展提供了新的动力。

二、"互联网+"时代的特征分析

在"互联网+"时代，互联网技术与各行各业深度融合，呈现出许多特征和趋势，这些特征不仅影响着经济、社会和文化，也深刻影响着人们的生活方式和思维方式。下面将从信息化普及、智能化发展和数字经济三个方面对"互联网+"时代的特征进行分析。

（一）信息化普及的多样性与普及率提升

在"互联网+"时代，信息化普及呈现出多样性和普及率的显著提升。首先，互联网技术的普及覆盖了各个领域和行业，不仅是传统的商业、金融、教育、医疗等行业，还涉及新兴领域如物联网、人工智能、虚拟现实等。这种广泛的普及使得信息和数据的传输变得更加迅速、便捷，人们可以随时随地获取所需的信息和资源。

其次，随着移动互联网的快速发展，智能手机等移动设备的普及率大幅提升，成为人们生活中不可或缺的工具。移动设备的普及使得人们不再局限于固定的地点和时间获取信息，实现了信息的移动化和个性化。同时，移动应用的发展也为人们提供了丰富多样的服务和娱乐方式，满足了不同人群的需求。

（二）智能化发展与人机交互的深度融合

"互联网+"时代的另一个显著特征是智能化发展与人机交互的深度融合。随着人工智能、大数据、云计算等技术的不断发展，智能化应用逐渐渗透到人们的生活和工作中。智能化技术不仅应用于个人消费品领域，如智能家居、智能穿戴设备等，也广泛应用于工业、交通、医疗等领域，推动了传统产业的智能化转型。

智能化发展带来了人机交互方式的深刻变革。人们可以通过语音识别、人脸识别、自然语言处理等技术与智能设备进行更加自然、智能地交互。智能助手、智能家居等智能化产品的普及使得人们的生活更加便捷、智能化，提高了生活品质和工作效率。

（三）数字经济的崛起与产业变革的加速推进

在"互联网+"时代，数字经济的崛起成为经济发展的新引擎，产业变革也加速推进。数字经济以互联网技术和数据资源为核心，推动了传统产业的数字化转型和创新发展。"互联网+"时代涌现出了许多新兴产业和业态，如电子商务、在线教育、共享经济、区块链等，为经济增长和就业创造了新的动力和机会。

与此同时，数字经济的发展也带来了产业结构的调整和变革。传统产业面临着来自互联网技术和新兴产业的竞争压力，不少传统企业加快了转型升级的步伐，采用互联网技术和数据资源进行业务模式的创新和升级。新兴产业的崛起和发展也为经济结构的优化和产业升级提供了新的动力和机遇。

第二节　高校思政教育的现状与挑战

一、网络不稳定问题

（一）教学网络平台不稳定

1.教学网络平台的重要性

（1）教学网络平台的功能和作用

教学网络平台作为高校思政教育的重要工具，承担着多项功能和作用。首先，它是教师和学生进行线上教学、学习和交流的主要场所，为教学活动提供了便捷的载体。其次，教学网络平台是教学资源的集中存储和共享平台，教师可以在平台上上传课件、教学视频、习题等资源，学生可以随时随地获取学习资料。最后，平台还承担着学生作业的提交和批改、考试成绩的录入和查询等管理功能，为教学管理提供了便利。

（2）教学网络平台的稳定性对教学的重要性

教学网络平台的稳定性直接影响着教学活动的正常开展和教学效果的达成。如果教学网络平台不稳定，可能会导致课堂教学的中断、教学资源无法正常使用、学生无法提交作业等问题，严重影响教学的质量和效率。因此，教学网络平台的稳定性是保障教学正常进行的基础，学校和教师应高度重视。

2.教师对教学网络平台的要求

（1）对教学网络平台稳定性的依赖

教师在进行线上教学和教学管理时，需要充分依赖教学网络平台的稳定性和可靠性。他们需要通过平台进行课件的上传和分享、学生作业的布置和批改、成绩的录入和查询等工作，因此对平台的稳定性有较高的要求。

（2）及时反馈问题并参与改进

面对教学网络平台的稳定性问题，教师应该及时向平台反馈问题，并积极参与平台的改进和完善工作。他们可以通过向平台提供问题描述、错误日志等信

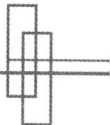

息，帮助平台诊断和解决问题；同时，也可以提出改进建议，为平台的稳定性和功能性提升提供有益建议。

（3）确保平台能够稳定支持教学活动

教师需要确保教学网络平台能够稳定支持教学活动的开展，包括课堂教学、学生作业管理、考试管理等方面。他们应该密切关注平台的运行情况，一旦发现问题及时处理，保障教学活动的正常进行。

（二）教师端设备网络问题

1. 教师教学授课受限

在教学过程中，教师需要借助网络设备来进行教学授课，这包括播放教学视频、展示教学 PPT、使用在线白板等。然而，如果教师端设备的网络不稳定，可能会导致教学授课受到限制。首先，网络不稳定可能会导致教学授课的中断和延迟，使得教师无法按计划进行教学活动，从而影响教学效果和教学质量。教师可能无法及时展示教学资源，无法与学生进行实时互动，使得教学过程失去了连贯性和互动性，从而影响到教学进度和学生的学习体验。

其次，网络不稳定还可能会影响到教学资源的有效利用。教师可能无法顺利地上传和共享教学资料，使得学生无法及时获取所需的教学资源，从而影响到他们的学习效果和学习质量。此外，教师在使用在线白板或其他教学工具时，也可能受到网络不稳定的影响，导致教学过程不够顺畅和高效。

2. 教学资源分享受限

除了教学授课外，教师还需要通过网络设备分享教学资源，如上传课件、讲义、视频等，供学生自主学习和参考。然而，如果教师端设备的网络不稳定，可能会导致教学资源的上传和分享受限，给教学活动带来不利影响。首先，网络不稳定可能会导致教师无法顺利上传教学资源，使得学生无法及时获取所需的教学资料。学生在没有足够的学习资料支持下，难以深入学习和理解教学内容，从而影响到他们的学习效果和学习质量。其次，即使教师能够上传教学资源，但由于网络不稳定，可能会导致资源上传失败或者上传过程中出现错误，使得教学资源的完整性和准确性受到影响。这会给学生带来困惑和不便，影响到他们对教学内容的理解和掌握。

3. 学生作业批改受阻

在网络教学中，教师需要通过网络设备对学生的作业和考试进行批改，以及给予及时的反馈和评价。然而，如果教师端设备的网络不稳定，可能会给学生作业批改带来一系列问题，从而影响到教学效果和学生的学习体验。

第一，网络不稳定可能导致教师无法及时获取学生提交的作业，延误了作业批改的时间。这会导致学生无法及时了解自己的学习情况和成绩反馈，从而无法及时调整学习计划和提高学习效果。

第二，即使教师能够获取学生的作业，但网络不稳定可能会导致作业批改过程中的中断和延误。教师可能因为无法正常打开学生的作业文件、无法提交评语或成绩等问题而受阻。这会延迟学生对于作业成绩的了解和反馈，降低了教学的及时性和有效性。

第三，网络不稳定还可能导致作业批改过程中的数据丢失或错误。教师在批改作业时可能因为网络问题而导致评分失误、评语不完整或者学生作业记录丢失等情况，给学生和教师带来了不必要的困扰和误解。

（三）学生端设备网络问题

1. 学生设备网络连接不稳定

（1）学生设备与 Wi-Fi 连接问题

学生使用的设备（如笔记本电脑、平板电脑、智能手机等）在连接学校或家庭 Wi-Fi 时，可能会遇到连接不稳定的情况。这可能是由于 Wi-Fi 信号覆盖范围不足、信号干扰、网络设备故障等原因导致的，影响了学生设备与网络的正常连接和通信。

（2）网络速度慢

学生在使用网络设备进行在线学习时，可能会遇到网络速度慢的问题。这可能是由于网络带宽不足、网络拥堵、设备负载过重等原因，导致学生设备无法顺畅地访问教学资源、观看教学视频或参与在线课堂活动。

（3）网络连接断断续续

学生在使用网络设备进行学习时，可能会出现网络连接断断续续的情况。这可能是由于网络信号不稳定、网络设备故障、网络环境干扰等原因，导致学生设备无法保持持续的网络连接，影响了学习效果和学习体验。

2. 学生设备硬件性能不足

（1）设备配置低

部分学生可能使用配置较低的设备进行在线学习，如旧款笔记本电脑、低配平板电脑等。这些设备的硬件性能可能无法满足现代网络学习的要求，导致学生在进行在线学习时遇到卡顿、加载缓慢、运行不流畅等问题，影响了学习效率和

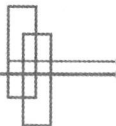

学习体验。

（2）设备老化损坏

部分学生可能使用的设备已经老化或损坏，存在屏幕碎裂、电池老化、硬件故障等问题。这些问题可能会影响学生设备的正常使用和稳定性，导致学生无法顺利进行在线学习，降低了学习的效果和质量。

（3）设备存储空间不足

部分学生设备的存储空间可能不足，无法存储足够的教学资源、作业资料等内容。这会影响学生对学习资源的获取和存储，导致学生无法顺利进行学习活动，影响了学习的连贯性和效率。

3.学生网络安全问题

（1）网络信息泄露

学生在使用网络设备进行在线学习时，可能会面临网络信息泄露的风险。这可能是由于网络设备存在漏洞、未经授权的访问、网络攻击等原因，导致学生的个人信息、学习资料等敏感信息被泄露，对学生的个人隐私和安全构成威胁。

（2）网络诈骗和欺诈

部分学生可能会在使用网络设备时受到网络诈骗和欺诈的影响。这可能是由于学生缺乏网络安全意识、不慎点击恶意链接、泄露个人信息等原因，导致学生受到网络诈骗和欺诈活动的侵害，损失个人财产和信息安全。

（3）网络侵入和病毒感染

学生在使用网络设备进行在线学习时，可能会受到网络侵入和病毒感染的威胁。这可能是由于学生设备存在安全漏洞、未经授权的访问、恶意软件等原因，导致学生的设备被黑客入侵或感染病毒，造成个人信息泄露、系统崩溃等安全问题。

二、自律性差的学生上课不积极问题

（一）缺乏兴趣导致的逃课问题

1.学科属性与兴趣匹配不足

思想政治课程在高校教育中扮演着重要的角色，旨在培养学生的思想道德素质、社会责任感和国家观念。然而，面对涉及政治理论、社会实践、国家政策等内容的思政课程，部分学生可能存在对这些内容缺乏兴趣的情况。

第一，思想政治课程的学科属性通常偏向于理论性和抽象性，涉及政治哲学、社会学、法律等多个学科领域的内容。对于部分学生而言，这些抽象的理论框架和概念可能缺乏直观的吸引力，难以引发他们的兴趣和好奇心。相比之下，他们可能更倾向于那些与实际生活联系紧密、具有直观体验和应用意义的课程内容。

第二，思想政治课程的教学形式和方法往往以传统的讲述式为主，缺乏足够的互动性和活跃性。在这种教学模式下，学生往往是被动接受知识，缺乏主动参与和探索的机会。对于一些喜欢参与互动、享受与他人讨论交流的学生而言，这种单调的教学方式可能难以引发他们的兴趣，导致了对思政课程的不积极态度。

第三，由于思想政治课程涉及政治、法律、社会等方面的内容，有时可能会触及一些敏感和复杂的议题，如社会矛盾、政治制度、公共政策等。对于一些学生而言，面对这些复杂的议题，可能会感到困惑，导致他们对思政课程产生抵触情绪，进而选择逃课或者对课堂学习表现不积极。

2. 教学方法不吸引人

在高校思想政治教育中，教学方法的吸引力直接影响着学生的学习积极性和参与度。然而，一些思政教师可能在教学过程中采用了传统的讲述式教学方法，这种教学形式往往缺乏足够的互动性和吸引力，导致学生对课堂内容产生厌倦和抵触情绪。

传统的讲述式教学方法通常以教师为中心，教师通过单向地讲述和展示来传递知识，而学生则扮演被动接受者的角色。这种教学方式可能导致课堂氛围单一，缺乏活力和互动，学生往往难以集中注意力和保持积极参与。他们可能会感到枯燥乏味，对课堂内容产生抵触情绪，甚至选择逃课或者在课堂上表现消极。

此外，传统的讲述式教学方法可能会限制学生的思维发展和创造性思维能力的培养。在这种教学模式下，学生往往缺乏主动思考和探索的机会，只是被动接受教师的知识输入。这可能导致学生对课程内容的理解表面化，缺乏深度地思考和独立的见解。

因此，思政教师需要关注教学方法的创新和多样化，积极探索适合思政课程特点的教学模式和形式。例如，可以引入案例分析、小组讨论、角色扮演、游戏化学习等活动，增加课堂互动和参与度。同时，教师还应该根据学生的实际情况和学习需求，灵活调整教学策略，激发学生的学习兴趣和动力，提升教学效果和质量。

3. 课程内容与学生期待不符

在"互联网+"时代，学生对于知识获取的途径发生了显著变化，他们更加倾向于获取与时俱进、实践性强的内容。然而，在高校思想政治课程中，如果课程内容与学生的期待和需求不符，就会引发一系列问题，其中包括学生的学习兴趣下降以及逃课的可能性增加。

第一，随着互联网的普及和信息技术的发展，学生们已经习惯了通过网络获取各种知识和信息。他们可能更倾向于接触新颖、实用的内容，对于陈旧、理论性强、脱离实际的课程内容可能会产生抵触情绪。如果思政课程的内容不能满足学生的学习需求和兴趣，他们可能会失去对课程的兴趣，表现出逃课的倾向。

第二，"互联网+"时代的学生具有较高的信息获取能力和自主学习能力。他们习惯于通过网络搜索、在线课程、社交媒体等途径获取知识，对于传统的课堂教学方式可能产生抵触情绪。如果思政课程的内容无法引起学生的共鸣和兴趣，他们可能会选择逃避课堂，转而寻找其他途径进行学习。

第三，"互联网+"时代的学生更加注重实践性和应用性。他们希望能够学习到能够直接应用到实际生活和工作中的知识和技能。如果思政课程的内容过于理论性，缺乏实践性和应用性，学生可能会感到学习的价值不高，从而对课程产生抵触情绪，表现出逃课的倾向。

（二）自身问题导致的逃课现象

1. 生活习惯和时间规划不当

生活习惯和时间规划不当是导致部分学生逃课现象的重要原因之一。在当今社会，大学生面临着诸多学业压力、社交需求和个人兴趣爱好的挑战，因此，他们需要合理规划时间来平衡学习和生活。然而，一些学生可能由于生活习惯不良或者时间规划不当，导致他们无法有效地安排学习和生活。这种情况下，课堂时间往往成为他们视为可以牺牲的一部分，而他们更倾向于将时间用于追求个人兴趣爱好、社交活动或其他课外事务。

学生可能会因为课外活动、社交聚会、娱乐消遣等各种诱惑而选择逃课，认为这些活动比起思政课程更具吸引力和意义。这些学生可能会将思政课程视为一种"附加课程"，并没有将其纳入学习的重要组成部分。因此，当他们感到时间紧张或压力增加时，首先考虑的往往是放弃思政课程，以应对其他事务。

此外，对于一些学生来说，他们可能缺乏对思政课程的认同感和兴趣，认为这些课程与他们的专业学习或个人发展并不相关。因此，他们倾向于将思政课程排在次要位置，而更多地投入到其他课程或活动中。这种情况下，即使他们出现时间冲突或者学业压力，也会优先选择放弃思政课程。

2. 学习压力和心理健康问题

现代大学生在追求学业成功的道路上面临着巨大的学习压力和心理压力，这是导致一些学生产生逃课行为的重要原因之一。首先，学习压力可能来自课业负担过重、考试压力过大以及激烈的同龄竞争压力等方面。学生需要面对各种课程的学习和考试，而有些学生可能由于学业任务过重而感到无法承受，从而选择逃避课堂以减轻压力。此外，现代社会对大学生的就业压力也是一大考验，他们需要不断提高自己的综合能力和竞争力，这种压力也会使一些学生感到焦虑和无助，进而选择逃避学习。

其次，心理健康问题也是导致学生逃课的重要因素之一。在现代社会，心理健康问题日益突出，许多大学生可能面临着焦虑、抑郁、压力等心理问题的困扰。这些心理问题可能会影响学生的学习积极性和情绪稳定性，使他们无法专注于课堂学习，甚至选择逃避课堂以规避压力和不适感。尤其是在高压的学习环境下，一些学生可能因为无法有效应对心理问题而产生逃避学习的倾向。

3. 学习动机和目标不明确

一些学生可能在面对思政课程时缺乏明确的学习动机和目标，这可能导致他们对课程的认同感和投入度不高，甚至选择逃课或者在课堂上表现不积极。这种情况的出现可能是因为学生对自身的学习目标和未来规划缺乏清晰地认识，或者缺乏对课程内容的充分理解和认同。

一方面，学生缺乏明确的学习动机和目标可能源自对未来发展方向的不确定性。在面对各种课程选择和职业规划时，部分学生可能存在困惑和迷茫，不清楚自己的兴趣所在和未来的发展方向，导致对思政课程缺乏主动性和积极性。他们可能认为思政课程与自己的专业发展或职业规划无关，因此对该课程缺乏兴趣和动力。

另一方面，学生可能缺乏对课程内容的充分理解和认同。思政课程通常涉及政治理论、社会实践、国家政策等内容，而这些内容可能与学生个人的兴趣和专业方向不符，或者与他们所期望的课程内容有所差异。因此，学生可能会对课程产生抵触情绪，认为课程缺乏实际意义或者无法满足自己的学习需求，从而选择逃避课堂或者不积极参与学习。

三、连续使用电子设备增加身体负担及影响视力问题

（一）课时安排的合理调整

1. 学习负担过重

在"互联网+"时代，高校思政课程的教学方式正在发生深刻变革，电子设备成为教学和学习的主要工具。然而，虽然这种教学模式为教学提供了便利和灵活性，但也带来了一些挑战和问题。其中之一就是学习负担过重的问题。

高校思政课程通常使用电子设备进行教学和学习，这意味着学生需要长时间连续使用电子设备来完成课堂学习和作业任务。尤其是在密集的课程安排下，学生可能需要在较短的时间内完成大量学习任务，导致长时间的电子设备使用。这种连续使用电子设备的情况容易造成学生身体疲劳和眼睛疲劳。

一方面，长时间连续使用电子设备会对学生的身体造成负担。身体疲劳是由于长时间保持相同的姿势或姿态，以及持续使用手指进行操作而导致的。学生可能会出现颈椎、腰椎等部位的不适感，甚至出现头痛、肌肉酸痛等症状，影响到他们的学习效率和身体健康。

另一方面，连续使用电子设备也容易导致眼睛疲劳。在屏幕上长时间阅读和操作会使眼睛处于高度聚焦状态，导致眼睛疲劳和干涩感。长期下来，可能会引发眼部不适、视力下降甚至眼部疾病，严重影响学生的视力健康。

2. 视力问题

长时间使用电子设备已成为现代学生不可避免的日常活动之一，特别是在高校思政教育中，这种情况更加普遍。然而，长时间使用电子设备会给学生的视力健康带来一系列问题。

第一，长时间处于电子设备屏幕前的聚焦状态会使眼睛过度疲劳。持续的眼球聚焦会导致眼肌疲劳，使得眼睛感到干涩、刺痛、紧绷等不适感，甚至可能出现眼睛发红和眼睛周围的肌肉疲劳。这种眼睛疲劳会影响学生的学习效率和学习体验，甚至可能加重其他身体不适症状，如头痛和肌肉酸痛。

第二，长时间使用电子设备还可能导致学生的视力下降。电子设备的屏幕通常会散发出蓝光，而长时间暴露在蓝光下会影响视网膜和晶状体的健康，从而加速视力下降的进程。此外，过度使用电子设备还会导致眼睛的近视度数增加，使得学生的视力问题日益严重。

第三，长期以来，科学研究已经证实了长时间使用电子设备对眼睛健康的不

利影响。一些研究还发现，长时间使用电子设备可能会增加患上眼部疾病的风险，如眼干燥症、视网膜疾病等。这些眼部疾病的发生不仅会严重影响学生的学习和生活质量，还可能带来长期的健康问题。

（二）减少网上作业量

1.作业负担加重

随着"互联网+"时代的到来，学校普遍采用网络平台来布置作业和任务，以便学生能够更方便地获取任务、提交作业和与老师进行互动。然而，一些学校可能未能有效管理作业量，导致学生的作业负担加重，进而增加了身体负担和视力疲劳的风险。作业负担的加重主要体现在以下几个方面。

第一，作业量过大会使学生不得不长时间使用电子设备完成作业。现代作业通常需要借助电子设备完成，如笔记本电脑、平板电脑或智能手机等。长时间使用这些电子设备会使学生的身体疲劳，特别是眼睛因为长时间注视屏幕而感到疲劳，进而增加了视力疲劳和眼睛不适的风险。

第二，作业负担加重可能导致学生的学习压力增加。作业量过大会使学生感到时间紧迫，需要不断地投入更多的时间和精力来完成作业。这种学习压力的增加可能会影响学生的生理和心理健康，加剧身体疲劳和情绪压力，进而影响到学生的学习效率和学习成绩。

第三，作业量过大还可能影响学生的课余生活和睡眠质量。长时间完成作业会占用学生本应用于休息、娱乐和社交的时间，进而影响到他们的生活质量和身心健康。此外，由于作业负担过重可能导致学生加班加点完成作业，加剧了学生的睡眠不足问题，进一步加重了身体负担和视力疲劳的风险。

2.视力疲劳

长时间盯着屏幕完成网上作业是现代学生经常面对的挑战之一。这种行为会给眼睛带来长时间的视觉负担，导致眼睛疲劳和视力问题逐渐显现。视力疲劳是由于眼球长时间保持高度聚焦状态而引起的一种症状。在完成网上作业的过程中，学生需要持续关注屏幕上的文字、图表或其他内容，这要求眼睛长时间处于紧张状态，不断调整焦距以保持清晰的视野。

眼睛的长时间聚焦会导致眼部肌肉疲劳和眼球的干涩不适。眼球肌肉在长时间的紧张工作后会感到疲惫，特别是眼部周围的肌肉，负责调节眼球的运动和焦距。此外，屏幕辐射也会导致眼球表面的干涩不适感，进一步加剧了眼睛的不适。

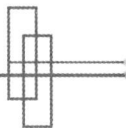

长时间使用电子设备还会影响到眼睛的调节能力和视力健康。过度依赖屏幕，特别是在低光环境下使用电子设备，会降低眼睛的适应能力，导致视觉疲劳和眼睛调节功能受损。这可能表现为眼睛视力模糊、眼睛干涩、眼睛疼痛等症状，严重影响到学生的学习效率和学习质量。

此外，长时间的视力疲劳还可能导致视力下降等长期问题。随着眼睛长时间处于高度聚焦状态，眼球的调节能力逐渐下降，进而影响到视力的清晰度和敏感度。如果长时间保持这种状态，可能会导致近视、远视等视力问题的发生和加重，影响到学生的日常生活和学习能力。

第三节　"互联网 +"对高校思政教育的影响

一、提供新的教学载体

（一）利用慕课、微课等新媒体平台

1. 慕课的优势和应用价值

慕课（Massive Open Online Course）作为一种大规模在线开放课程，在高校思政教育中扮演着重要的角色。其独特的优势和应用价值使得它成为推动思政教育创新的有效工具。

慕课的开放性是其最显著的优势之一。通过慕课平台，学生可以根据自身的兴趣和需求自由选择学习内容，而不受时间和地点的限制。这种自主选择学习的方式有助于满足学生个性化、多样化的学习需求，促进他们的主动学习和自主思考。学生可以根据自己的学习进度和兴趣，灵活安排学习时间，从而更好地适应个体差异，提高学习效率和学习质量。

此外，慕课课程资源的丰富性也是其重要的优势之一。在慕课平台上，涵盖了各个领域和知识点的丰富课程资源，教育者可以根据思政教育的特点和目标，在慕课平台上录制专业的思政教育视频课程。这些课程不仅涵盖了思政教育的核心知识和重要观点，而且可以结合实际案例和生活经验，使抽象的思政理论更加具体化、形象化，有助于提高学生的学习兴趣和参与度。教育者还可以根据学生的学习需求和反馈，不断更新和完善课程内容，保持其时效性和吸引力。

除了学生个体差异的满足和课程资源的丰富外，慕课还具有促进师生交流和

互动的优势。在慕课平台上，学生可以与教育者进行在线互动和交流，提出问题、分享观点、参与讨论等。这种师生之间的互动和交流不仅有助于学生理解和掌握知识，而且能够促进思想碰撞和共享，拓展学生的思维空间，培养其批判性思维和创新能力。同时，教育者还可以通过慕课平台收集学生的学习数据和反馈信息，了解学生的学习情况和学习需求，及时调整教学策略和方法，提高教学效果和质量。

2.微课的特点和适用场景

微课作为一种短小精悍的课程形式，在高校思政教育中具有独特的特点和适用场景。

第一，微课的时长通常在几分钟到十几分钟之间，非常符合学生碎片化学习的需求。在快节奏的互联网时代，学生的学习时间往往被各种碎片化的活动所占据，而微课的短时长能够很好地适应这种学习方式，让学生可以在零碎的时间里进行高效的学习。这种便捷的学习方式有助于学生更好地利用碎片化时间，提高学习效率。

第二，微课适合传授思政教育的核心知识点和重要观点。由于微课时长有限，教育者需要精心设计教学内容，突出重点，简洁明了地阐述思政理论和观念，确保学生能够在短时间内领会主要内容。通过简洁清晰的讲解和生动形象的示范，微课能够有效地吸引学生的注意力，提高他们对思政教育内容的理解深度和记忆度。因此，微课不仅适合于传授基础知识，也可以用来解释复杂概念或阐述深刻观点，为学生提供思想启迪和学识提升。

第三，微课的便捷性和高效性使得它特别适合于快节奏的互联网时代。学生可以在手机、平板电脑等设备上随时随地观看微课视频，不受时间和地点的限制。这种随时随地的学习方式符合了现代学生追求便利和高效的学习需求，能够更好地激发他们的学习兴趣和积极性。同时，微课的高效性也有助于提高学生的学习效率，让他们在有限的时间内获取更多的知识和信息，为个人发展和学业提升打下坚实基础。

3.新媒体平台应用的意义和影响

慕课、微课等新媒体平台在高校思政教育中的应用，具有重要的意义和深远的影响。

第一，这种应用丰富了思政教育的形式和内容。传统的思政教育往往局限于传统的课堂教学模式，而利用新媒体平台，特别是慕课、微课等形式，可以为学生提供更加多样化和丰富的学习体验。通过在线视频课程、互动讨论等形式，教育者可以呈现更加生动、直观的教学内容，让学生能够更加深入地理解和接受思政教育的核心理念和观点。

第二，新媒体平台的应用拓展了教学的渠道和范围。传统的思政教育主要局限于课堂教学，而利用慕课、微课等平台，则可以将教育内容延伸至网络空间，突破了时间和地点的限制。学生可以随时随地通过互联网进行学习，不再受到地理位置的限制，从而使得思政教育的覆盖范围大大扩展。这种拓展的教学渠道使得更多的学生能够接触到高质量的思政教育内容，有助于提高整体社会的思想道德素质。

第三，利用新媒体平台进行思政教育还提高了教育的有效性。通过慕课、微课等平台，学生可以自主选择学习的时间和地点，根据自己的学习节奏和兴趣进行学习，从而提高了学习的灵活性和便捷性。同时，教育者可以利用这些平台进行互动和交流，与学生进行在线讨论、答疑解惑，促进师生之间的沟通和交流。这种互动性和参与度的提升有助于激发学生的学习兴趣和积极性，提高教学的效果和质量。

（二）借助微信等社交媒体平台

1. 微信的应用场景和特点

微信作为一种广泛使用的社交通信工具，在高校思政教育中具有重要的应用场景和特点。其便捷、快速、互动性强的特点，为思政教育提供了全新的教学渠道和形式。在高校思政教育中，微信的应用场景和特点主要表现在以下几个方面：

第一，微信可以作为思政教育内容传播的重要渠道。通过建立微信公众号，教育者可以将思政教育的相关内容和资讯发布到公众号上，供学生阅读和学习。这种方式不仅能够及时传达教育内容，还可以通过图文、视频等形式生动展示思政教育的内容，吸引学生的注意力，提高学生的学习积极性和主动性。同时，微信公众号还具有信息推送的功能，可以根据学生的学习需求和兴趣，定期推送相关内容，实现精准教育。

第二，微信群可以作为思政教育交流和讨论的平台。教育者可以建立专门的思政教育微信群，邀请学生加入，开展在线讨论和交流。在微信群中，学生可以分享学习心得、提出问题、讨论思政话题，促进师生之间的互动和交流。这种实时、多样的交流方式有助于拓展学生的思维空间，促进他们对思政教育内容的理解和掌握。

第三，微信还可以作为教育者与学生之间沟通的桥梁。通过微信，教育者可以及时向学生发送通知、提醒，解答学生的疑问，了解学生的学习情况和反馈意见。这种便捷、快速的沟通方式有助于加强师生之间的联系和互动，建立良好的师生关系，提高思政教育的参与度和效果。

2. 微信社交媒体在思政教育中的作用

通过微信等社交媒体平台在高校思政教育中发挥的作用不可忽视。这种平台为教师和学生提供了一个便捷、快速、互动性强的交流平台，极大地促进了师生之间的沟通与互动，进而提升了思政教育的参与度和效果。

第一，微信等社交媒体平台弥补了传统思政教育中课堂教学的时间和地点限制。学生可以随时随地通过微信与教师进行沟通，提出问题、交流思想，不再受制于课堂上的交流时间和地点。这种即时沟通的特点使得学生更容易与教师取得联系，及时解决学习中的困惑，提高了学习效率和质量。

第二，微信等社交媒体平台为思政教育提供了丰富多样的互动形式。除了简单的文字沟通外，教师还可以借助微信平台开展线上问答、投票、讨论等形式的互动活动。通过这些活动，可以引导学生积极参与思政教育的学习和讨论，增强他们的思政意识和责任感。同时，这种互动形式也促进了学生之间的交流与合作，营造了良好的学习氛围。

第三，微信等社交媒体平台还可以为思政教育提供个性化的学习支持。教师可以根据学生的学习情况和需求，通过微信向他们提供个性化的学习指导和建议。这种个性化的支持有助于满足不同学生的学习需求，提高了教育的针对性和有效性。

3. 社交媒体在思政教育中的意义和影响

社交媒体在高校思政教育中的应用具有重要的意义和影响。通过借助微信等社交媒体平台，教育者能够更加便捷地与学生进行互动，实现教学的个性化和差异化，进而提高教学的针对性和有效性。这种方式不仅丰富了教学形式，也拓展了教学内容的传播途径，对学生的思政教育产生了积极的影响。

第一，通过微信等社交媒体平台开展在线讨论、问题解答等形式的教学活动，能够促进学生对思政教育内容的理解和掌握。在这种交流互动的过程中，学生可以提出问题、分享看法，教育者则可以及时回答疑问、引导思考，从而帮助学生解决学习中的困惑，加深对知识的理解。这种即时性、互动性强的教学模式有助于激发学生的学习兴趣，提高他们的学习效率和参与度。

第二，社交媒体平台的应用有助于培养学生的批判性思维和创新能力。通过在线讨论和交流，学生可以与他人分享观点、质疑，从而拓展了思维的广度和深度。教育者可以通过引导学生分析问题、评价观点，培养他们辨析事物的能力，提升批判性思维水平。同时，社交媒体平台也为学生提供了一个展示和分享自己创新思想的平台，鼓励他们敢于表达、勇于探索，培养了学生的创新精神和实践能力。

第三，社交媒体在思政教育中还能促进学生之间的交流和合作，形成良好的学习氛围。通过微信群、社交媒体平台等形式，学生之间可以分享学习心得、互相启发，共同解决问题，形成学习共同体。这种合作学习的方式不仅有助于学生之间的情感沟通和团队合作能力的培养，也有助于形成积极向上的学习氛围，提升学生的学习动力和自主学习能力。

（三）数字化呈现思政教育内容

1. 数字化呈现的形式和手段

在当今"互联网+"时代，数字化呈现已成为高校思政教育中不可或缺的一部分。通过数字化的形式和手段，教育者可以将思政教育内容以多种形式呈现，从而更有效地吸引学生的注意力，提高他们的学习兴趣和参与度。

第一，文字是数字化呈现中最基础、最常见的形式之一。教育者可以借助文字，通过教科书、课件、教学大纲等文本材料，系统地传达思政教育的理论知识和实践应用。文字的形式具有简洁明了、易于理解的特点，适合于传递理论性的知识和概念，是思政教育内容的重要载体之一。

第二，图片在数字化呈现中也占有重要地位。教育者可以通过图片、图表、流程图等形式，将抽象的思政概念具象化、可视化，帮助学生更直观地理解和掌握知识。图片形象生动，能够吸引学生的注意力，加深他们对思政教育内容的印象，提高学习效果。

音频是另一种常用的数字化呈现形式，适合于传达声音信息的场景。教育者可以通过录音讲解、播客等方式，将思政教育内容以声音的形式呈现给学生。音频具有便捷、可听性强的特点，适合于学生在行进、休息等场景下进行学习，是一种有效的学习工具。

第三，视频是数字化呈现中最生动、最具有感染力的形式之一。教育者可以借助视频技术，制作精美的教学视频，展示思政教育内容的案例分析、实地考察等情境，让学生通过视觉和听觉多方位感知知识。视频形式生动、直观，能够激发学生的学习兴趣，提高他们的学习积极性和参与度。

2. 数字化呈现的意义和作用

数字化呈现在高校思政教育中具有重要的意义和作用。

第一，通过数字化呈现，思政教育内容可以更加生动直观，便于学生理解和接受。传统的思政教育往往以纸质教材和课堂讲授为主，内容呈现相对抽象，难以引起学生的兴趣和注意。而借助数字化手段，教育者可以利用多媒体技术，制作图文并茂的教学资料、课程 PPT、教学视频等，将抽象的思政理论具体化、形象化，使之更加生动、直观。通过视觉、听觉等多种感官的刺激，学生更容易理解和接受教育内容，提高学习效率。

第二，数字化呈现使得教育内容更加灵活多样，有利于满足学生的个性化学习需求。不同学生具有不同的学习方式和偏好，有些学生更喜欢通过文字理解，有些则更喜欢通过图像或视频学习。数字化呈现提供了多种形式的学习资源，学生可以根据自己的学习习惯和喜好选择适合自己的学习方式，提高学习的自主性和主动性。此外，数字化呈现还能够结合学生的实际需求和兴趣特点，设计生动有趣的教学内容，增强学生的学习体验和参与感。例如，教育者可以借助动画、游戏等形式，将思政教育内容融入生动有趣的场景中，激发学生的学习兴趣和积极性，提高学习效果。

第三，数字化呈现还可以实现教学资源的共享和交流，提高教学的效率和质量。教育者可以将自己制作的教学资源上传至网络平台，供全校师生共同使用，实现教育资源的共享和开放。这样不仅可以节省教学资源的制作成本和时间成本，还可以促进师生之间的交流和互动，进一步丰富教学内容，提高教学的效率和质量。同时，数字化呈现也为教育者提供了更多的教学手段和方式，例如在线课程、网络讨论、远程教学等，可以更加灵活地组织教学活动，满足学生多样化的学习需求，提高教学的针对性和有效性。

二、突出学生主体性

（一）提供个性化学习资源

1. 学生个体差异的认识

在高校思政教育中，充分认识学生的个体差异是确保教学有效性和提供个性化学习资源的关键。学生作为个体，在性格、兴趣、学习风格等方面存在差异，这些差异直接影响着他们的学习态度、学习动机以及学习成效。因此，教育者需要深入了解学生的个体特点，以便更好地满足他们的学习需求，提高思政教育的质量和效果。

一方面，个体差异体现在学生的学习习惯和学科偏好上。不同学生对于学习的方式和方法有着不同的偏好，有些学生更倾向于阅读文字材料，而另一些则更喜欢通过观看视频或听取讲座来学习。同时，学生对于不同学科的兴趣也存在差异，有些学生对于政治理论较为感兴趣，而另一些则更喜欢社会实践和案例分析。因此，教育者需要根据学生的学习习惯和学科偏好，有针对性地设计和提供相应的学习资源，以满足他们的个性化学习需求。

另一方面，学生的学习动机和学习目标也是个体差异的重要体现。不同学生参与思政教育的动机各异，有些可能是出于学业要求，有些可能是出于兴趣爱好，还有一些可能是出于实际需求。因此，教育者需要了解学生的学习动机和学习目标，为他们提供相应的学习资源和激励措施。对于那些学习动机较低的学生，可以通过设计有趣、具有挑战性的学习任务来提高他们的学习兴趣和积极性；对于那些学习动机较高的学生，则可以提供更加深入、拓展的学习资源，满足他们的求知欲望。

2. 个性化学习资源的设计和推送

认识到学生个体差异的存在，教育者在设计和推送个性化学习资源时至关重要。个性化学习资源的设计需要充分考虑学生的兴趣、学习习惯、学科需求以及学习水平等因素，以确保资源的贴合性和实效性。

第一，针对政治理论不感兴趣的学生，教育者可以提供更加贴近实际生活和社会实践的案例分析和讨论。这些案例可以是当前社会热点事件的分析，也可以是历史事件的探讨，通过案例的引入，学生能够更直观地理解抽象的政治理论，增强他们对思政教育内容的认同感和学习兴趣。

第二，针对那些对抽象概念难以理解的学生，教育者可以采用图文并茂、生动形象的教学资料。通过图文并茂的教学材料，可以将抽象的概念具体化、形象化，使学生更容易理解和接受。同时，生动形象的教学资料能够吸引学生的注意力，激发他们的学习兴趣，从而提高学习效果和质量。

第三，根据学生的学科需求和学习水平，教育者可以推送适合的学习资源，如专业课程、学术论文、教学视频等。这些资源可以是与思政教育相关的学科知识，也可以是拓宽学生视野、增强学术素养的内容。通过提供多样化、个性化的学习资源，教育者能够满足学生的不同学习需求，帮助他们更全面地掌握知识，提高学习效率和成果。

3.个性化学习资源的效果评估

在提供个性化学习资源后，评估其效果至关重要。教育者需要通过多种手段来评估个性化学习资源对学生学习效果的影响，并根据评估结果进行调整和优化，以提高资源的实用性和有效性。

第一，教育者可以收集学生的反馈意见。通过问卷调查、小组讨论或个别面谈等方式，了解学生对个性化学习资源的看法和感受。学生可以就资源的内容、形式、难易度等方面提出建议和意见，教育者可以根据这些反馈及时调整资源内容和推送方式，以满足学生的学习需求。

第二，学生的学习成绩也是评估个性化学习资源效果的重要指标之一。教育者可以比较提供个性化学习资源前后学生的学习成绩变化，分析资源对学生成绩的影响程度。如果学生的学习成绩有所提高，说明个性化学习资源对其学习产生了积极的影响，反之则需要进一步调整资源内容和推送方式。

第三，教育者还可以通过学生的学习行为数据来评估个性化学习资源的效果。通过分析学生的学习时间、学习频率、学习内容选择等数据，了解学生对个性化学习资源的使用情况和学习行为变化，以评估资源对学生学习的实际影响。

第四，定期的学习评估和跟踪也是评估个性化学习资源效果的重要手段。教育者可以定期组织学生进行学习评估，了解学生的学习进展和需求变化，及时调整个性化学习资源，以保证其与学生的学习需求保持一致，并不断提升资源的实用性和有效性。

（二）引导学生自主学习

1.网络平台提供的学习机会

在"互联网+"时代，高校思政教育通过网络平台提供了丰富多样的学习机会，为学生提供了更多的自主学习机会。教育者可以在网络平台上布置各种形式的学习任务和作业，开展在线讨论和交流，组织线上学习小组等，引导学生自主学习、自主探究。

2.学生自主学习的重要性

自主学习是学生发展的重要组成部分，具有重要的意义。通过自主学习，学生可以根据自己的学习节奏和兴趣选择学习内容，自主安排学习时间和学习方式，培养其独立思考和问题解决能力。同时，自主学习还可以提高学生的学习动

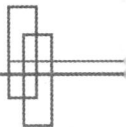

机和学习效果，使其更好地适应和应对未来的学习和工作挑战。

3. 教育者的引导作用

教育者在引导学生自主学习方面起着关键作用。他们可以通过网络平台提供学习资源和学习工具，指导学生如何进行自主学习，如何制定学习计划、分析学习任务、解决学习问题等。同时，教育者还可以与学生进行实时互动和交流，及时解答学生的疑问，促进师生之间的互动与共享，进一步激发学生的学习兴趣和主动性。

（三）培养信息素养与批判思维

1. 信息素养的培养意义

在"互联网+"时代，信息素养是学生应具备的重要能力之一。信息素养不仅包括对信息的获取、评估和利用能力，还包括对信息的辨别、分析和整合能力。通过培养学生的信息素养，可以使其更好地适应信息时代的学习和工作需求，提高其信息获取和处理的效率和质量。

2. 批判思维的培养方法

批判思维是指对信息和观点进行客观、全面、深入地分析和评价的能力。教育者可以通过网络平台引导学生培养批判思维，教授信息搜索、筛选、分析和整合的方法，教导学生如何对信息进行客观、全面、深入地分析和评价，以及如何独立思考、提出问题和解决问题。同时，教育者还可以通过组织辩论、讨论等活动，引导学生运用批判思维分析问题，培养其辩证思维和创新能力。

3. 信息素养与批判思维的结合

信息素养和批判思维是相辅相成的，二者之间存在着密切的关系。只有具备了良好的信息素养，才能够进行有效的批判思维；而批判思维又可以帮助学生更加深入地理解和运用信息。因此，为了培养学生的信息素养和批判思维，教育者可以采取以下方法：

首先，引导学生正确获取和评估信息。教育者可以指导学生如何利用网络平台进行信息搜索，了解信息来源、内容的可信度和权威性，培养学生辨别信息真伪的能力。通过学习如何利用网络资源获取高质量信息，学生可以建立正确的信息获取途径，提高信息素养水平。

其次，教育者可以组织学生进行信息分析和整合的训练。通过提供各种学习资源和案例分析，教育者可以引导学生分析信息的内涵和价值，理解信息之间的关联和逻辑，培养学生整合信息的能力。通过分析和整合信息，学生可以深入理解所学内容，提高批判思维水平。

再次，教育者可以组织辩论、讨论等活动，引导学生运用批判思维分析问题。通过讨论社会热点问题、学术观点分歧等，学生可以学会从多个角度思考问题，分析问题的利弊，形成独立的观点和见解。在这个过程中，教育者可以充当引导者和监督者的角色，帮助学生克服思维惯性，培养批判性思维。

最后，教育者还可以提供案例分析、学术论文等资源，引导学生进行深入思考和探索。通过学习和分析真实案例、学术论文等，学生可以了解学科领域的最新研究成果，拓宽自己的学术视野，培养批判性思维和创新能力。

三、为教师教学提供便利条件

（一）利用网络平台开展线上教学

1. 选择合适的网络平台和工具

在开展线上教学前，教师需要选择合适的网络平台和工具来进行教学活动。慕课平台、在线教学平台等都是常见的选择，教师可以根据自己的教学需求和学生群体的特点来选择适合的平台。例如，如果需要进行课程录制和直播，可以选择支持视频教学的平台；如果需要进行在线讨论和互动，可以选择支持论坛、即时通信等功能的平台。

2. 录制微课和设计在线课程

教师可以利用网络平台录制微课和设计在线课程，将思政教育内容生动形象地呈现给学生。在录制微课和设计在线课程时，教师应该注重内容的精简和清晰，结合学生的学习需求和认知特点，设计生动、有趣、易于理解的教学内容。同时，教师还可以通过图文并茂、案例分析等方式，提高教学内容的吸引力和有效性，促进学生的学习和思考。

3. 组织网络讨论和互动活动

除了录制微课和设计在线课程外，教师还可以组织网络讨论和互动活动，促进学生之间的交流和合作。通过在线讨论、问题解答、案例分析等方式，教师可以引导学生深入思考和讨论思政教育的重要问题和理论观点，拓展学生的思维空间，培养其批判性思维和创新能力。同时，教师还可以利用网络平台进行实时互动和交流，及时解答学生的疑问，促进师生之间的互动与共享，提高教学效果。

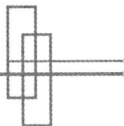

（二）个性化学习指导和辅导

1. 了解学生的学习情况和学习需求

教师可以通过网络平台了解学生的学习情况和学习需求，为他们提供个性化的学习指导和辅导服务。通过网络问卷调查、个人谈话等方式，教师可以了解学生的学习兴趣、学习习惯、学习困难等情况，为他们提供针对性地学习建议和指导，帮助他们解决学习中遇到的问题和困难。

2. 提供个性化的学习资源和学习任务

根据学生的学习情况和学习需求，教师可以为他们提供个性化的学习资源和学习任务。例如，针对学习能力较强的学生，可以提供更深入、更广泛的学习资源和学习任务；针对学习能力较弱的学生，可以提供更简单、更具体的学习资源和学习任务。通过个性化的学习指导和辅导，教师可以帮助学生树立学习目标，制定学习计划，提高学习效果和学习动力。

3. 定期跟踪学生的学习进展和反馈

教师还应该定期跟踪学生的学习进展和反馈，及时调整个性化的学习指导和辅导。通过网络平台收集学生的学习数据和反馈信息，分析学生的学习行为和学习表现，发现问题并及时给予指导和帮助。同时，教师还可以与学生进行实时互动和交流，及时解答学生的疑问，促进学生的学习和提高。

（三）关注学生学习情况和教学效果

1. 收集学生学习数据和反馈信息

在教学过程中，教师应该收集学生的学习数据和反馈信息，了解学生的学习情况和教学效果。通过网络平台收集学生的学习数据，如在线作业的完成情况、课堂参与情况等，以及学生的反馈意见和建议。这些数据和信息可以帮助教师了解学生的学习进展和学习困难，及时调整教学策略和方法，提高教学效果。

2. 分析学生学习行为和学习表现

教师应该对学生的学习行为和学习表现进行深入分析，找出存在的问题和改进的空间。通过分析学生的学习数据和反馈信息，教师可以了解学生的学习习惯、学习动机、学习能力等方面的情况，发现学生可能存在的学习障碍和困惑，为他们提供针对性的帮助和支持。

3. 及时调整教学策略和方法

在收集和分析学生的学习数据和反馈信息的基础上，教师应该及时调整教学策略和方法，以提高教学效果。例如，如果发现学生对某一内容理解困难，可以通过重新解释、举例说明等方式加以强化；如果发现学生对某一教学方法反应良好，可以适当增加相关内容的教学。通过不断调整和优化教学策略和方法，教师可以更好地满足学生的学习需求，提高教学效果和质量。

第三章　传统思政教学模式的弊端分析

第一节　传统思政教学模式的特点

一、课堂讲授为主导，学生被动接受知识

（一）教师主导的知识传授

1. 传统思政教学中的教师角色

在传统的思想政治教学模式下，教师扮演着至关重要的角色，被视为知识的传递者和主导者。这一角色定位赋予了教师在课堂上的高度权威性和说服力。教师通过各种教学方法，如讲授、演示和解释等，向学生传授知识。他们所展现的丰富的知识储备和专业经验，使得他们成为学生学习的主要依赖对象。在课堂中，教师通常以自己的学识和见解引导学生，为他们提供必要的信息和观点。教师不仅具备了丰富的学科知识，还具有丰富的教学经验和教学技能，能够有效地组织和传授知识，引导学生进行思考和探索。教师的言传身教，以及他们在学术和专业领域的权威地位，使得学生对他们的言行具有较高的信任度。因此，教师在传统思政教学中扮演着不可或缺的角色，他们的教学水平和教学效果直接影响着学生的学习成果和思想觉悟。

2. 学生在知识传授中的被动角色

在传统的思想政治教学中，学生往往处于被动接受知识的状态。他们在课堂上扮演着接受者的角色，只是被动地接受教师所传授的知识，而缺乏对知识的主动探索和深入思考。这一现象反映了传统思政教学中学生被动角色的重要特征。学生倾向于简单地接受和消化教师提供的信息，而没有进行深入的思辨和讨论。他们在课堂上往往只是被动接受教师的观点和思想，而缺乏独立思考和创造性思维的机会。这种被动的学习状态限制了学生的认知深度和学习效果，使得他

们难以真正理解和掌握所学知识。同时，学生在被动接受知识的过程中缺乏了与教师和同学的积极互动，导致课堂氛围的单一和呆板。这进一步加剧了学生的被动学习状态，使得他们难以形成自己独立的思想和见解。因此，传统思政教学中学生的被动角色不仅影响了他们的学习效果，也阻碍了他们的思维能力和创造性发展。

3.教师主导的知识传授对学生思维方式的影响

教师主导的知识传授模式对学生思维方式的影响十分显著。在这种教学模式下，学生往往缺乏自主思考和独立探索的机会，因为他们通常只是被动接受教师的观点和思想，而缺乏对知识的深入思考和探讨。这种被动的学习方式限制了学生的思维发展，使得他们的思维方式变得相对僵化，难以适应复杂多变的社会现实和问题。

第一，由于学生缺乏自主思考和探索的机会，他们往往只是简单地接受和消化教师所传授的信息，而没有进行深入的思辨和讨论。这种被动的学习方式使得学生的思维停留在表面层次，无法进行深入地思考和分析。他们往往只是被动接受教师的观点，而不会对所学知识进行质疑和思考。这种情况下，学生的思维方式变得较为僵化，难以应对社会复杂多变的现实和问题。

第二，教师主导的知识传授模式导致了课堂氛围的单一和呆板，学生之间缺乏了活跃的讨论和交流。在这种环境下，学生缺乏了与同学们的思想碰撞和交流的机会，无法从其他同学的不同观点中获取启发和思想碰撞。这种单一的学习环境限制了学生的思维发展，使得他们的思维方式变得相对封闭和局限。

（二）学生被动接受知识的局限性

1.学生表面性的知识消化

在传统的教学模式中，学生往往只是进行表面性的知识消化，而缺乏对知识的深入理解和思考。这种被动接受知识的过程使得学生倾向于简单地记忆和消化教师所传授的信息，而不是进行深入地思考和探索。这样的学习方式带来了一系列负面影响，其中之一就是学生在解决实际问题时常常表现出缺乏灵活性和创造性的特点。

第一，表面性的知识消化使得学生对知识的理解停留在表面层面，缺乏深入地认识和理解。他们往往只是机械地记忆和复述教师所讲授的知识点，而不是真正理解其背后的原理和逻辑。因此，当面对实际问题时，学生往往无法从所学知识中提取出相关的概念和原则，导致解决问题的能力受到限制。

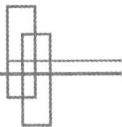

第二，缺乏深入理解和思考的学习方式使得学生的思维方式变得相对僵化。他们习惯于依赖已有的模式和思维方式来解决问题，而缺乏灵活性和创造性。这种情况下，学生难以适应社会发展的变化和挑战，因为他们无法灵活地运用所学知识来解决新的问题，而只能依赖于过去的经验和思维模式。

因此，表面性的知识消化不仅限制了学生对知识的深入理解和应用能力，也阻碍了他们的思维发展。为了改变这种现状，教育者需要倡导深度学习的理念，鼓励学生进行深入思考和探索，培养他们的批判性思维和创造性思维能力。

2. 学生对学习的兴趣和动力下降

在传统的教学模式下，学生往往陷入被动接受知识的境地，导致了他们对学习的兴趣和动力下降的现象。在这种模式下，学生缺乏了学习的主动性和参与度，只是被动接受教师的讲解和指导，而缺乏了对知识的主动探索和思考。这种被动的学习方式使得学生对课堂上的内容感到枯燥和乏味，逐渐失去了对知识的探索和追求的热情。

第一，学生在被动接受知识的过程中，往往缺乏了对学习的主动参与，无法将自己的兴趣和需求融入学习过程中。因为他们没有机会选择自己感兴趣的学习内容或参与到课堂讨论中，导致了对学习的兴趣逐渐减弱。学生可能对课堂上的内容感到单调乏味，觉得学习成为一种枯燥的任务，而不再是一种愉悦的活动。

第二，学生追求成绩而非真正的知识理解和领悟，进一步加剧了对学习兴趣和动力的下降。在被动接受知识的过程中，学生往往将注意力集中在取得好成绩上，而忽视了对知识本身的理解和领悟。这种功利性的学习方式使得学生逐渐失去了对知识深度探索的热情，将学习视为一种应付考试的手段，而非一种持续学习和成长的过程。

因此，被动接受知识的教学模式导致了学生对学习的兴趣和动力的下降。为了改变这种现状，教育者需要倡导积极参与式的学习模式，鼓励学生参与到课堂讨论和实践活动中，培养其自主学习的能力和乐于探索的精神。

3. 学生综合素养和能力的局限性

在传统的教学模式下，学生往往陷入被动接受知识的境地，导致了他们对学习的兴趣和动力下降的现象。在这种模式下，学生缺乏了学习的主动性和参与度，只是被动接受教师的讲解和指导，而缺乏了对知识的主动探索和思考。这种被动的学习方式使得学生对课堂上的内容感到枯燥和乏味，逐渐失去了对知识的探索和追求的热情。

　　首先，学生在被动接受知识的过程中，往往缺乏了对学习的主动参与，无法将自己的兴趣和需求融入学习过程中。因为他们没有机会选择自己感兴趣的学习内容或参与到课堂讨论中，导致了对学习的兴趣逐渐减弱。学生可能对课堂上的内容感到单调乏味，觉得学习成为一种枯燥的任务，而不再是一种愉悦的活动。

　　其次，学生追求成绩而非真正的知识理解和领悟，进一步加剧了学习兴趣和学习动力的下降。在被动接受知识的过程中，学生往往将注意力集中在取得好成绩上，而忽视了对知识本身的理解和领悟。这种功利性的学习方式使得学生逐渐失去了对知识深度探索的热情，将学习视为一种应付考试的手段，而非一种持续学习和成长的过程。

　　因此，被动接受知识的教学模式导致了学生学习兴趣和动力的下降。为了改变这种现状，教育者需要倡导积极参与式的学习模式，鼓励学生参与到课堂讨论和实践活动中，培养其自主学习的能力和乐于探索的精神。

二、缺乏与时代发展相适应的教学内容与形式

（一）教学内容的单一和僵化

1.传统思政教学内容的固守

（1）教学内容的传统性

　　传统思政教学模式倾向于固守传统的思想政治理论和经典著作，以传授经典文献和理论为主要任务。这种固守传统导致了教学内容的单一化和僵化，缺乏对于时代发展和社会变革的反映。

（2）缺乏更新的教育内容

　　传统思政教学往往忽视了教育内容的更新和调整，过度强调传统的思想理论，而忽略了当代社会问题和学生关注的热点话题。教育内容的滞后和固守导致了学生对于课程内容的兴趣和关注度降低。

（3）知识传授的重心

　　在传统思政教学中，教师往往将重心放在知识的传授和灌输上，而忽视了对于学生思维能力和实践能力的培养。这使得教学内容更加偏向于理论知识的灌输，而缺乏对于学生综合素养的培养。

2.缺乏与当代社会紧密相关的内容

（1）实践性教育内容的匮乏

　　传统思政教学内容缺乏与当代社会紧密相关的实践性内容，学生难以将所学

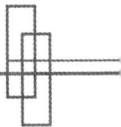

知识应用于解决实际问题。这使得教育内容的实效性和针对性不足，难以满足学生对于解决实际问题的需求。

（2）与学生生活脱节

教育内容与学生生活脱节，无法引起学生的共鸣和兴趣。传统思政教学往往强调抽象的理论知识，而忽视了与学生生活密切相关的内容，使得教育内容难以吸引学生的关注和参与。

（3）信息更新的滞后

由于教育内容更新的滞后，传统思政教学往往无法反映当代社会的变化和发展。学生无法从教育内容中获取到与时代发展相适应的知识，使得教育内容与社会现实脱节，难以满足学生的学习需求。

（二）教学形式的单一性和缺乏创新

1. 主要以课堂讲授为主

（1）传统思政教学模式的特点

在传统思政教学中，课堂讲授是主要的教学形式。教师通常站在讲台上，以单向传递的方式向学生传授知识，学生则被动感受知识。这种教学形式缺乏互动性和多样性，学生在课堂上的角色往往是被动接受者。

（2）互动性的不足

由于主要以课堂讲授为主，教学过程缺乏学生与教师之间的互动。学生往往只是被动地接受知识，而无法积极提问或与教师进行深入的交流与讨论。这种缺乏互动的教学形式限制了学生的思维活跃度和参与度。

（3）学习动机的不足

由于课堂讲授是主要的教学方式，学生的学习动机可能会受到影响。缺乏足够的互动和参与，学生可能对课堂内容感到乏味和无聊，从而影响了他们的学习兴趣和动力。

2. 缺乏创新和多样性

（1）教学方法的单一性

传统思政教学往往缺乏创新和多样性的教学方法。除了课堂讲授之外，很少引入其他形式的教学活动，如小组讨论、案例分析、角色扮演等。这种单一的教学方法使得教学过程缺乏灵活性和趣味性。

（2）现代技术手段的应用不足

在传统思政教学中，很少应用现代技术手段进行教学，如多媒体教学、在线教学等。这种缺乏现代技术手段的应用使得教学形式相对滞后，无法与时代发展相适应，也难以吸引学生的兴趣和注意力。

（3）学生参与的不足

由于缺乏创新和多样性的教学形式，学生的参与度较低。他们往往缺乏积极的学习态度和主动参与教学活动的意识，限制了他们的思维能力和解决问题的能力的培养。

三、学生参与度低，思辨能力和创新能力得不到有效培养

（一）学生参与度低的原因

1. 接受教学模式的影响

（1）教师主导的教学模式

传统思政教学模式中，教师往往被视为知识的传递者和主导者，而学生则被动接受知识。这种教学模式使得学生习惯了被动接受的角色，缺乏对学习过程的主动参与和探索的动力。

（2）教师权威性的影响

教师在课堂上通常具有较高的权威性和说服力，学生习惯了接受教师的观点和解释，而较少质疑或提出自己的见解。这种教学氛围使得学生更倾向于被动接受知识，而不是积极参与到学习过程中。

2. 互动与探索的机会

（1）缺乏互动的教学环境

在传统思政教学中，课堂通常以教师的讲授为主，学生缺乏与教师和同学互动的机会，缺乏讨论、思考和探索的环境，使得学生难以建立起对知识的深入理解和思考。

（2）课堂活动的单一性

除了教师的讲授之外，课堂上很少有其他形式的教学活动，如小组讨论、案例分析等。缺乏多样化的课堂活动限制了学生的参与度和积极性，使得他们对学习过程的投入程度不高。

3. 内容的抽象性

（1）理论知识的抽象性

部分思政教学内容涉及哲学、社会学等较为抽象的理论知识，与学生日常生

活相距较远。学生可能难以将这些抽象的理论与实际生活联系起来，导致对课堂内容的兴趣和参与度降低。

（2）缺乏与实际问题的联系

教学内容缺乏与实际问题和现实生活的紧密联系，使得学生难以理解课堂内容的实际意义和应用价值。这种脱离实际的教学内容影响了学生的学习动机和积极性。

4.导向教学的影响

在某些教育环境下，特别是在应试教育盛行的情况下，教育制度往往过于注重学生的考试成绩，使得教师和学生更加关注应付考试，而忽视了对知识的深入思考和探索。这种考试导向的教学氛围对学生的学习动力和主动性产生了消极的影响。学生通常会将目光放在获取高分上，而非真正的学习过程。他们可能会采取应试技巧的方式来备考考试，而忽略对知识的全面理解和深入探索。这种情况下，学生的学习动机往往来源于对分数的追求，而非对知识本身的热爱和探索欲望。

这种考试导向的教学氛围会削弱学生的学习动力和主动性。因为他们更关注的是如何在考试中取得好成绩，而不是真正理解和掌握知识。学生可能会采取应试技巧的方式来备考考试，而忽略了对知识的深入理解和批判性思考。这种情况下，学生的学习动机主要来自外部奖励，而非内在的学习兴趣和动力。

这种考试导向的教学氛围也会影响教师的教学方式和态度。教师可能会更多地侧重于传授应试技巧和应付考试的方法，而忽视了对知识的全面讲解和引导学生思考的重要性。这种情况下，教师的教学目标可能更加倾向于提高学生的考试成绩，而非培养他们的综合素养和批判性思维能力。

（二）思辨能力和创新能力得不到有效培养的原因

1.思辨与探究的机会

在传统的思想政治教学模式中，学生往往处于被动接受教师知识传授的状态，而缺乏思辨和探究的机会。这种教学方式通常以教师为中心，课堂上主要是教师的讲述和学生的听讲，缺乏学生之间的讨论、争论和思辨环节。因此，学生在课堂上很少有机会表达自己的观点，进行批判性思考，或者就课程内容提出疑问和探究。这种局面导致了学生的思维方式较为被动和僵化，难以培养他们的批判性思维和自主思考的能力。

在这种教学模式下，学生缺乏思辨和探究的机会的原因主要有几个方面。首先，教师在课堂上扮演着主导者的角色，他们往往将课程内容安排得严谨而紧凑，以至于学生很少有时间和空间来展开自己的思考。其次，传统思政教学往往注重理论知识的传授，而较少关注学生的参与和互动，导致了课堂上缺乏思辨和探究的环境。最后，一些学校或教师可能担心学生的思辨和探究可能会偏离教学大纲或引发不必要的争论，因此可能会避免在课堂上引入过多的讨论和思辨环节。

2. 内容的单一性

在传统思政教学中，部分教学内容过于偏重传统的理论体系和经典著作，而忽视了对当代社会问题和热点话题的关注。这种局限性导致了教育内容的单一性，使得学生的思维受限于传统框架之内，难以应对当今社会复杂多变的挑战。

教学内容的单一性主要体现在两个方面。

首先，传统思政教学往往将重点放在传统的理论知识和经典著作上，如马克思主义、毛泽东思想等，而较少关注当代社会问题的教育内容。这使得学生的知识体系过于陈旧，无法及时了解和理解当代社会的发展趋势和现实问题，从而限制了他们的思维深度和广度。

其次，教育内容的单一性还表现在学生的学习内容相对固定，缺乏多样性和灵活性。在传统思政教学中，教师往往将课程安排得十分紧凑，学生需要花费大量时间学习传统的理论知识和经典著作，而较少有机会接触和探究其他领域的知识。这种单一的教育内容使得学生的视野受限，难以拓展自己的知识广度和深度，影响了他们的综合素养和批判性思维能力的培养。

3. 科学形式的单一性

在传统思政教学模式中，教学形式的单一性是一大显著特征。通常，教师以课堂讲授为主导方式，而其他形式的教学活动相对较少。这种单一的教学形式限制了学生的参与度和互动性，进而影响了他们的学习效果和能力培养。

首先，传统思政教学模式中的课堂讲授往往是一种单向传递的方式，教师主导教学过程，学生被动接受知识。这样的教学形式缺乏互动性，学生很少有机会参与到教学过程中，难以积极地表达自己的想法和观点，更难以深入思考和探究。

其次，传统思政教学模式中缺乏创新和多样性的教学形式。除了课堂讲授外，很少有其他形式的教学活动，如小组讨论、案例分析、实践活动等。这种单一的教学形式使得学生的学习过程显得枯燥乏味，缺乏趣味性和活跃性，难以激

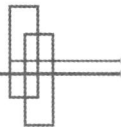

发学生的学习兴趣和主动性。

由于缺乏参与式教学的机会，学生很难将所学知识应用到实践中，无法真正理解和掌握知识。因此，他们的创新能力和解决问题的能力得不到有效培养，难以适应当今社会对于创新和思考能力的需求。

4. 角色的传统定位

在传统思政教学模式中，教师的角色通常被定位为知识传授者和主导者。教师在课堂上扮演着权威的角色，拥有专业的知识和丰富的教学经验，他们通过讲授和解释来传递思政课程中的理论知识和观念。教师往往拥有主导权，决定着课堂的教学内容、节奏和方向。而学生则被视为知识的接受者和被动的学习者，他们的角色主要是听讲、记笔记和消化所学内容。

这种传统的角色定位导致了教师在教学过程中的主导地位，学生则相对被动地接受教师的指导和灌输。学生的思维活跃性和创新性受到限制，因为他们往往只是被动地接受知识，缺乏独立思考和探索的机会。在这种教学模式下，学生缺乏主动性，往往只是依赖于教师的指导和解释，而不会自主地提出问题或思考课程内容的深层次含义。

教师的角色定位也可能导致他们过分强调自己的权威性和教学经验，而忽视了学生的个体差异和学习需求。教师可能更注重于完成教学任务和传授知识，而忽视了激发学生学习兴趣和培养学生的创新能力的重要性。这种教学模式容易造成教学内容的单一和僵化，难以满足学生多样化的学习需求和个体发展的要求。

第二节　存在的问题和挑战

一、学生学习兴趣不高，学习效果难以保障

（一）教学内容单一、形式呆板

1. 多样化的教学形式

在传统思政教学模式下，教学形式的单一性和缺乏多样性是一个显著的问题。首先，课堂教学往往过于依赖教师的讲述，缺乏其他形式的教学活动和互动。这种单一的教学方式使得学生的参与度较低，课堂氛围显得呆板和单调。其

次，缺乏其他形式的教学活动，如小组讨论、案例分析、角色扮演等，使得学生的学习体验较为单一，难以激发他们的学习兴趣和主动性。因此，教学形式的单一性限制了教学效果的提升，也影响了学生的学习体验和成效。

2. 形式缺乏创新

传统思政教学往往缺乏教学形式的创新和变革。教师在课堂上过于依赖传统的讲述方式，缺乏创新和更新。这种形式的僵化使得课堂教学显得呆板，难以引起学生的兴趣和注意力。另外，缺乏引入现代技术手段的教学方法，如多媒体教学、在线教学等，也限制了教学形式的多样化和创新。因此，教学形式的缺乏创新性使得教学过程显得枯燥乏味，难以满足学生多样化的学习需求。

3. 内容缺乏生动性

传统思政教学内容往往以理论知识为主，缺乏生动性和趣味性。教师可能只是机械地介绍概念和理论，缺少生动的案例分析、实践活动等教学内容。这种内容的单一化使得课堂显得枯燥乏味，难以吸引学生的兴趣和注意力。另外，缺乏与学生生活和社会实践相关的内容，也使得教学内容显得与学生的现实生活脱节，难以引起他们的共鸣和兴趣。因此，教学内容缺乏生动性是导致教学形式呆板的重要原因之一。

（二）缺乏与学生生活联系的内容

1. 抽象的理论内容

传统思政教学内容往往偏向于抽象的理论内容，这一特点在教育实践中带来了一系列问题。

首先，抽象的理论内容往往脱离了学生的日常生活，缺乏与实际情境的联系，使得学生难以将所学知识与自身经验相结合。例如，传统思政课程可能过度强调政治理论、思想体系等抽象概念，而忽视了与学生现实生活相关的内容，如社会问题、道德困境等。这种内容的脱离使得学生难以理解和接受，从而导致了学习的乏味和兴趣的下降。

其次，抽象的理论内容缺乏具体的实际案例支持，使得学生难以在实践中运用所学知识。传统思政教学往往停留在理论层面，缺乏具体的实践案例和教学活动。学生缺乏对理论知识的实际应用和体验，导致了对课程内容的理解和掌握程度不高。例如，学生可能能够记忆政治理论的名词和定义，但难以将其运用到解决实际问题的实践中。这种理论与实践脱节的现象使得学生的学习效果大打折扣，也影响了他们的综合素养的提升。

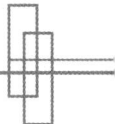

2. 与学生现实生活脱节

部分思政教学内容与学生的现实生活脱节，这是一个在教育领域长期存在的问题。当教学内容与学生的日常生活无法建立联系时，学生往往难以产生兴趣和投入度，影响了他们对课程的认同感和学习效果。这种脱节现象的出现，往往与教学内容的抽象性、理论性以及教学方法的单一性有着密切的关系。

第一，部分思政教学内容可能过于抽象，缺乏与学生实际生活的直接联系。例如，某些政治理论或思想观念的教学可能偏离了学生的实际情境，使得学生难以理解其在日常生活中的应用和意义。这种抽象性导致了学生对课程内容的理解困难，降低了他们的学习动机和积极性。

第二，部分思政教学内容可能缺乏针对性，未能满足学生的需求和兴趣。现代学生的生活方式和关注点与过去有所不同，他们更关注实用性、时事性和个性化的内容。然而，一些传统的思政教学内容可能无法与这些现代特点相契合，使得学生觉得课程与他们的生活脱节，难以产生共鸣和兴趣。

第三，教学方法的单一性也是造成教学内容与学生现实生活脱节的原因之一。如果教学方法过于依赖于课堂讲授，缺乏足够的互动和参与，学生很难将所学内容与自己的生活联系起来。他们可能会感到课堂单调乏味，无法与教学内容建立起真实的联系和体验。

3. 缺乏与时代发展相适应的内容

传统思政教学内容的脱节现象主要源于教育体系对时代变革的适应不足。传统的思政教学往往停留在过去的理论框架中，未能及时更新内容以适应当代社会的快速发展和变化。这种缺乏与时代发展相适应的内容，给学生带来了诸多挑战和问题。

第一，随着社会的不断变革和发展，新的社会问题和议题层出不穷，需要在教育中及时加以关注和解析。然而，传统思政教学内容往往未能涵盖这些新兴的社会问题，使得学生对课程内容的现实意义产生怀疑，导致了学习动力的下降。

第二，科技的快速进步也使得传统思政教学内容显得过时和落后。现代社会对信息技术、人工智能等方面的需求日益增加，而传统思政教学内容未必涉及这些前沿领域的内容，使得学生在应对未来社会的挑战时感到缺乏准备。

第三，全球化背景下的多元文化交流也为思政教育提出了新的要求。传统思政教学内容可能更偏向于本土文化和国家意识形态，而未必涵盖国际化视野和跨文化交流的内容，使得学生的思维局限在狭隘的范围内，影响了其全球视野和国际竞争力的培养。

（三）教学方法单一

1.缺乏互动性和引导

在传统思政教学模式下，教学的缺乏互动性和引导性是一个普遍存在的问题。这种教学方式往往将学生置于被动地接受角色，教师在课堂上扮演着主导的角色，而学生则缺乏了自主思考和参与讨论的机会。这种情况下，教育者往往面临着挑战，需要寻找有效的方法来增加教学的互动性和引导性，以促进学生更深层次地学习。

一方面，教育者可以通过引入互动式教学方法来增加课堂的互动性。例如，采用小组讨论、案例分析、角色扮演等活动，让学生在合作与竞争中互相交流和学习，从而提高他们的学习参与度和兴趣。通过这些互动性的教学形式，学生可以更加积极地参与到课堂中来，促进彼此之间的学习和思想碰撞。

另一方面，教育者可以通过引导式教学方法来增加课堂的引导性。引导式教学强调教师作为引导者的角色，通过提出问题、激发思考、指导讨论等方式，引导学生主动探索和学习。在这种教学模式下，学生不仅被动地接受知识，更重要的是通过自主思考和讨论，深入理解和掌握知识。这种引导性的教学方法有助于培养学生的批判性思维和问题解决能力，提升他们的学习效果和能力。

2.缺乏启发性教学方法

在传统思政教学中，教师常常过于注重对知识的灌输，而忽视了启发性教学方法的运用。这种教学方式使得学生缺乏自主思考和独立探索的机会，导致他们的思维方式相对被动和僵化。因此，教学过程中缺乏对学生思维的引导，难以激发他们的思辨能力和创新意识，从而导致了学生的学习兴趣的下降。

启发性教学方法的不足表现在多个方面。

首先，在教学内容的选择和呈现上，教师往往过于注重传授理论知识，而忽略了启发学生思考的案例分析、真实病例讨论等教学内容。这种单一的教学内容呈现方式难以激发学生的兴趣和积极性，使得他们的学习变得枯燥乏味。

其次，教学过程中缺乏与学生现实生活和社会实践相结合的案例和问题讨论。启发性教学应该着眼于学生的实际需求和兴趣点，引导他们通过分析和解决真实的问题来加深对知识的理解。然而，在传统思政教学中，往往缺乏这样的实践性教学内容，使得学生难以将所学知识应用到实际生活中去，导致了他们对课程的学习动力不足。

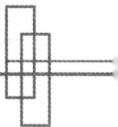

此外，教师在课堂上的教学方式也需要更多地采用启发性的方式，以激发学生的主动思考和自主学习能力。启发性教学不仅可以引导学生发现和理解语法规则，还能促使他们在探索中形成自己的学习方法。教师可以通过提出引导性问题、设计有趣的语言活动和提供真实的语言实例，激发学生的好奇心和学习兴趣。通过这种方式，学生不仅能够在实践中掌握语法知识，还能培养自主学习和解决问题的能力。启发性的教学方法有助于学生将语法知识转化为实际运用能力，从而在语言使用中更加灵活和自信。

二、教师教学质量参差不齐，教学资源不足

（一）教师教学水平不一

1. 教师教学经验的不同

在传统思政教学模式中，教师的教学经验和水平的差异是一个显而易见的问题。这种差异导致了教学效果的不稳定性，影响了学生的学习体验和成果。一些教师具备丰富的教学经验和深厚的学科功底，他们能够以生动的方式讲解课程内容，运用丰富的案例和实践经验，引发学生的思考和讨论。这样的教师往往能够激发学生的学习兴趣，促进他们的知识消化和理解。然而，另一些教师可能缺乏教学经验或学科专业知识，他们的授课方式可能较为枯燥，缺乏足够的互动和引导，无法吸引学生的注意力和参与度。这种教师的存在会导致学生对课程内容的理解程度参差不齐，进而影响了整个班级的学习氛围和效果。

教师教学经验不同的问题还体现在教学资源的利用和管理上。一些经验丰富的教师可能能够熟练地利用各种教学资源，包括多媒体设备、网络资源等，丰富教学手段，提升教学效果。然而，缺乏教学经验的教师可能对教学资源的应用不够灵活，导致了资源的浪费和教学效果的降低。这种差异也进一步加剧了教师教学水平的不平衡。

2. 教学方法的差异

教师在教学方法上的差异对学生的学习产生着重要影响。一些教师可能更倾向于采用启发式教学方法。这种方法注重激发学生的思维活动和自主学习能力，通过提出问题、引导讨论、鼓励探究等方式，引导学生主动参与课堂，积极思考和解决问题。这样的教学方式能够激发学生的兴趣和好奇心，促进他们的思维能力和创造力的发展。相比之下，另一些教师可能更偏向于传统的讲述式教学。这种教学方式以教师为中心，学生被动接受知识，缺乏互动和引导，容易降低了他

们的学习积极性和参与度。

教师教学方法的差异还体现在对课堂互动和引导的程度上。在启发式教学方法下，教师更加注重课堂的互动性，鼓励学生积极参与，提出问题并进行讨论，从而培养学生的批判性思维和解决问题的能力。然而，在传统的讲述式教学中，教师往往扮演着知识的传授者角色，学生被动地接受教师的讲解，课堂氛围单一，缺乏足够的互动和引导。这种单一的教学方式可能导致学生对课程内容的理解不深，学习效果不佳。

3. 个人素质和态度的不同

教师的个人素质和态度对教学质量具有重要影响。一些教师具有热爱教育事业的高度责任感和使命感。他们对教学充满热情，积极投入到教学工作中，尽心尽力地为学生提供优质的教育服务。这些教师往往具有较强的专业素养和教学技能，能够灵活运用不同的教学方法，关心学生的成长和发展，注重个性化教育，为学生创造良好的学习环境。

然而，另一些教师可能缺乏对教育事业的热情和使命感，持消极态度对待教学工作。这些教师可能对教学任务缺乏积极性，教学过程中缺乏耐心和耐心，甚至可能出现教无定法、敷衍塞责的现象。这样的教师可能无法激发学生的学习兴趣，影响了教学质量和效果，甚至可能损害学生的学习积极性和心理健康。

除了热情和态度之外，教师的专业素养也对教学质量产生重要影响。具有高水平的专业素养的教师通常拥有扎实的学科知识和丰富的教学经验，能够灵活运用不同的教学方法和策略，针对性地满足学生的学习需求，提高教学效果和学生的学习成绩。相反，缺乏专业素养的教师可能在教学中出现知识漏洞、教学方法单一等问题，影响了教学质量和学生的学习效果。

（二）教学资源匮乏

1. 教学设备的欠缺

部分学校或地区在思想政治教育方面的资源相对匮乏，其中一个主要问题是教学设备的欠缺。这种情况在一些偏远地区或经济条件较为落后的学校尤为突出。在这些学校中，教学设备往往非常简陋，缺乏现代化的教学工具和设备支持。

第一，教室的设施可能十分基础，没有配备先进的多媒体设备或互动式教学工具。这导致了教师在教学过程中难以利用现代化技术手段来丰富课堂教学内容，无法展示图片、视频、音频等多样化的教学资源，从而使得教学过程显得单调乏味，难以吸引学生的注意力。

第二，缺乏现代化的教学设备也限制了教师进行教学实践和案例分析的能力。在思政教育中，案例分析和实践活动对于理论知识的实践应用至关重要，能够帮助学生更好地理解和掌握知识。然而，缺乏相应的教学设备，教师往往难以展示案例分析和实践活动，从而影响了教学效果和学生的学习体验。

第三，教学设备的欠缺也影响了教师教学方法的多样化和灵活性。现代化的教学设备可以为教师提供更多元化的教学手段和方式，例如利用多媒体设备进行互动式教学、在线教学等。然而，在缺乏这些设备的学校中，教师往往只能依靠传统的教学方式，难以创新教学方法，限制了教学效果的提升和学生的学习体验。

2. 教材的不足

在某些学校或地区，思想政治教学所使用的教材存在不足的问题，这可能对教学产生负面影响。

第一，教材的单一性可能是一个主要问题。由于资源有限或其他原因，一些学校可能只能使用少量的教材，导致学生接触到的知识内容有限。这种单一性可能使得学生的学习体验变得枯燥乏味，难以激发他们的学习兴趣。

第二，教材的陈旧也是一个普遍存在的问题。由于思想政治领域的知识更新迅速，一些教材可能无法及时跟上时代的发展和变化。这使得教学内容与学生日常生活和社会现实脱节，难以引起学生的兴趣和共鸣。同时，陈旧的教材可能存在着内容过时、观点陈旧等问题，影响了学生对课程内容的理解和接受。

第三，教材的不足还可能影响到教师的教学质量和教学效果。缺乏多样化和更新的教材可能会限制教师的教学手段和方法，使得教学过程缺乏活力和创新性。教师可能需要花费更多的时间和精力去寻找额外的教学资源，以弥补教材的不足，这可能会影响到教学的效率和质量。

3. 教学环境的不利因素

教学环境的不利因素对教学质量有着直接而深远的影响。

第一，教室的座位布局不合理可能导致学生的注意力分散和学习效率降低。例如，座位之间距离太近或者排列不整齐，会影响学生在课堂上的舒适度和专注度。此外，座位布局不合理还可能导致部分学生处于教师视线盲区，影响教师对学生的有效管理和指导。

第二，光线不足是另一个影响教学环境的重要因素。如果教室的光线不足，会导致学生视力疲劳和注意力不集中，从而影响他们对课堂内容的理解和消化。充足的自然光线和良好的照明设施不仅能够提升教室的整体舒适度，还能够促进学生的学习积极性和效果。

第三，教学环境的气氛也是影响教学质量的关键因素之一。如果教室气氛沉闷、压抑或者缺乏活跃，会使得学生的学习积极性受到抑制，难以有效地参与到教学活动中。相反，一个活跃、轻松的教学氛围能够激发学生的学习热情，促进他们的自主学习和思考能力的发展。

三、思政教育内容的单一化与僵化

（一）缺乏与时代发展相适应的内容

1. 静态教育内容

传统思政教育所采用的教育内容往往停留在传统的理论知识层面，缺乏对当代社会变革和发展的及时反映。这种静态的教育内容主要集中在历史上的思想理论、经典著作以及传统文化等方面，而忽视了社会在科技、文化、经济等领域的快速变化和演进。传统的思政教育内容没有及时地跟随时代的步伐，无法与当代社会的发展相匹配。这种情况导致了教育内容的脱节，无法满足学生对于当代社会现实的认知需求和思想追求。

第一，传统思政教育所涵盖的内容主要以历史上的思想理论和经典著作为主，这些内容虽然有其重要性，但无法完全满足当代社会发展的需求。随着科技和经济的迅速发展，社会结构和价值观念也在不断变化，而传统的思政教育内容未能及时反映这些变化，导致了教育内容的滞后和僵化。

第二，传统思政教育缺乏对当代社会、科技和文化等方面的内容涵盖。当代社会的发展已经进入了数字化、信息化和全球化的时代，但传统思政教育的教育内容仍然停留在传统的范畴中，未能涵盖现代社会的多样性和复杂性。这种静态的教育内容无法引导学生了解和理解当代社会的现实状况，也无法激发他们对于社会发展的思考和探索。

2. 与学生兴趣脱节

教育内容与学生兴趣的脱节是传统思政教育面临的一个重要问题。传统思政教育内容往往停留在传统的理论知识层面，与当代学生的兴趣和需求相脱节，导致了教育内容与学生之间存在着认知上的隔阂。

第一，随着社会的快速发展和信息的爆炸式增长，学生对于知识的获取方式和内容需求发生了变化。然而，传统思政教育所强调的理论知识和经典著作，往往与学生的现实生活和兴趣爱好相去甚远。学生更倾向于接触与自己相关、生活化、实用性强的内容，而传统教育内容的抽象性和理论性使得学生难以产生共鸣和兴趣，从而影响了他们的学习积极性和主动性。

第二，教育内容的脱节也反映了教育者对学生需求和心理特点的不足了解。传统思政教育往往以教师为中心，缺乏对学生的深入了解和关注，无法根据学生的兴趣和特点来调整和设计教育内容，导致了教学内容与学生之间的隔阂和疏远。

3. 社会现实需求未得到关注

传统思政教育在面对当今社会的快速变革和复杂挑战时，常常未能充分关注社会现实需求，导致教育内容与社会现实的脱节。这一问题的根源在于传统思政教育过于注重理论知识和经典著作，而忽视了对当代社会问题的关注和思考。

第一，传统思政教育过度偏重于理论知识的传授，将大量课程时间用于经典著作的讲解和解读，而忽视了对当今社会问题的深入分析和探讨。这种做法使得学生接触的知识内容过于抽象，无法与实际生活联系起来，难以帮助他们理解和解决当代社会的实际问题。

第二，传统思政教育缺乏对社会变革的敏感性和前瞻性。教育者往往停留在传统的教学模式和内容之中，未能及时调整教育内容，使其与时代发展相适应。因此，教育内容无法反映出当今社会的新变化和新趋势，也无法提供解决当前社会问题的新思路和方法。

第三，传统思政教育缺乏对学生实际需求的关注。教育者往往忽视了学生对解决实际问题的迫切需求，而是将教育内容局限在理论知识的范畴内，无法提供实用性强、能够解决实际问题的教育内容。这使得学生对教育内容产生怀疑和抵触，影响了他们的学习积极性和主动性。

（二）理论知识与实践结合不足

1. 理论脱离实践

传统思政教育常常陷入理论与实践脱节的困境。一方面，教育者过于注重理论知识的灌输，将大部分教学时间用于传授抽象的理论内容，而忽视了理论与实践相结合的重要性。另一方面，教育者缺乏将理论知识与实际生活和社会实践相结合的能力和方法，使得学生学习的理论知识往往难以应用于解决实际问题。

首先，传统思政教育过于注重理论知识的传授，忽视了实践经验的重要性。

教育者倾向于让学生死记硬背理论知识，而缺乏实践机会和场景，使学生无法将所学知识运用到实际生活和社会实践中。这种做法导致了学生对于理论知识的被动性，无法真正理解和掌握所学内容。

其次，教育者缺乏将理论知识与实践相结合的有效教学方法。传统思政教育往往采用单向传递的教学方式，教师以讲授为主，学生被动接受，缺乏实践参与的机会。这种教学模式使得学生难以将所学理论知识与实际问题相联系，理论脱离了实践，难以应用于解决实际问题。

最后，传统思政教育忽视了培养学生实践能力和解决问题的能力。教育者往往只关注学生的理论掌握程度，而忽视了学生的实践能力和创新意识的培养。这使得学生在面对实际问题时无法灵活运用所学知识，解决问题的能力受到限制。

2. 缺乏案例和实例分析

传统思政教育往往在教学内容中缺乏具体的案例和实例分析，使得学生难以将理论知识与实际情况相联系。这种教育内容的抽象性限制了学生对于理论知识的深入理解和实际应用，导致了教育内容的实效性不足。

第一，缺乏具体案例和实例分析使得教育内容过于抽象。传统思政教育往往侧重于传授理论知识，而忽视了通过具体案例和实例分析来说明理论的实际应用。学生只是被动接受理论知识，缺乏对于理论在实践中的具体应用情况的理解，导致了教育内容的抽象性和学生的被动性。

第二，缺乏实践案例的引导影响了学生对于理论知识的深入理解。实践案例可以帮助学生将抽象的理论知识与实际情况相联系，深化对理论的理解和应用。然而，由于教育内容缺乏实践案例的引导，学生难以将理论知识应用于实际情境中，使得理论知识仅停留在了表面，无法发挥其真正的作用。

第三，缺乏案例和实例分析限制了教育内容的实效性。现实生活中的问题往往是复杂多样的，传统思政教育如果缺乏具体案例和实例分析，就难以使学生将所学理论知识应用于解决实际问题中。这种理论与实践脱节的现象导致了教育内容的实效性不足，学生在实际应用中的能力受到限制。

3. 学生参与度不足

教育内容缺乏实践性的教学活动，是导致学生参与度不足的一个重要原因。在传统思政教育中，教学往往以传授理论知识为主，而缺乏实践性的教学活动，如案例分析、实地考察、小组讨论等。这种教学模式使得学生缺乏对课程内容的深入理解和应用，只是停留在理论知识的被动接受和记忆阶段，无法将所学知识转化为实践能力，导致教育效果不佳。

第一，缺乏实践性教学活动导致了学生的被动性。在传统思政教育中，学生大多是被动接受教师的讲解，缺乏积极参与教学过程的机会。教育者往往是单方面地向学生传递知识，而学生缺乏展示和应用知识的机会，因此很难激发其学习的主动性和积极性。

第二，缺乏实践性教学活动限制了学生对课程内容的深入理解和应用。理论知识的传授往往是抽象的和理论化的，学生难以将这些知识与实际情境相联系。缺乏实践性的教学活动，如案例分析、实地考察等，使得学生无法将理论知识转化为实践能力，无法将所学知识应用到解决实际问题中，导致了教育效果的不佳。

第三，缺乏实践性教学活动使得教育过程缺乏趣味性和吸引力。学生通常对于传统的课堂讲授形式缺乏兴趣，课堂单调乏味，缺乏互动和实践的机会。这种教学模式难以激发学生的学习兴趣和积极性，导致了学生参与度的不足。

（三）缺乏创新性教育内容

1. 教学模式单一

传统思政教育在教学模式上常常表现为单一性，主要依赖传统的教学方式和教材，缺乏创新性的内容和方法。这种单一性和僵化性导致了几个方面的问题。

第一，传统思政教育过度依赖于传统的教学模式和教材。教师通常采用课堂讲授的方式，将理论知识直接传授给学生，而学生则被动地接受和记忆这些知识。这种单一的教学方式使得教学过程缺乏活力和互动，学生难以主动参与和思考，从而影响了他们的学习兴趣和积极性。

第二，传统思政教育的教学内容往往过于固定和僵化。教育者往往将课程内容局限于传统的思想政治理论和经典著作，而忽视了与时代发展和社会变革相适应的内容。这种教学内容的单一化和僵化使得学生难以与当代社会和现实生活建立联系，无法将所学知识与实际问题相结合，从而影响了他们的学习效果和实践能力的培养。

第三，传统思政教育缺乏创新性的教学方法和手段。教育者往往依赖于传统的教学手段，如课堂讲授和书面阅读，而缺乏引入现代技术和多样化的教学方法。这种教学模式的单一性限制了学生的思维方式和创新能力的培养，阻碍了他们对于问题的深入思考和解决能力的发展。

2. 缺乏实践与探索的机会

教育的本质在于激发学生的思维、培养他们的创新能力和实践能力。然而，传统思政教育往往缺乏创新性，导致学生缺乏实践与探索的机会。这一问题的存在，影响了学生的全面发展和教育的有效性。

教育内容的创新性不足是导致学生缺乏实践与探索机会的主要原因之一。在传统思政教育中，教学内容往往停留在传统的理论知识层面，缺乏与时代发展和社会需求相适应的内容。学生只是被动地接受和消化这些理论知识，缺乏积极地实践和探索的机会。他们无法在课堂上进行独立思考和探索，缺乏对于问题的深入理解和实际应用的能力。

此外，传统思政教育缺乏创新性的教学活动也是导致学生缺乏实践与探索机会的重要原因之一。教育者往往依赖于传统的教学方式和手段，如课堂讲授和书面阅读，而缺乏引入现代技术和多样化的教学方法。这种单一的教学模式限制了学生的思维方式和创新能力的培养，使得他们无法在实践中探索和应用所学知识，从而影响了其创新能力和实践能力的发展。

3. 教育体系僵化

传统思政教育体系的僵化问题已经成为当前教育领域的一个普遍关注点。这一体系的僵化主要表现在教育内容、教学方法和教育管理等方面，限制了教育的发展和创新，阻碍了学生的全面发展和实践能力的培养。

第一，传统思政教育体系的教育内容较为僵化。教育内容往往囿于传统的理论知识和学科体系，缺乏与时代发展和社会需求相适应的更新和创新。学生在这样的教育体系下接受教育，往往难以获得与实际生活和工作相关的知识和技能，限制了他们的全面发展和应对复杂社会挑战的能力。

第二，传统思政教育体系的教学方法相对保守，缺乏创新性。教育者往往依赖传统的教学手段和方式，如课堂讲授和书面阅读，而忽视了现代科技和多媒体技术在教学中的应用。这种教学方法的单一化和僵化，使得教育过程缺乏足够的活力和吸引力，限制了学生的创新思维和实践能力的培养。

第三，传统思政教育体系的教育管理机制也存在一定程度的僵化。教育管理往往过于注重行政化和规范化，忽视了对教育实践的创新和探索。教育管理者缺乏对教育改革和发展的前瞻性和创造性，使得教育体系的改革和创新受到一定的制约和阻碍。

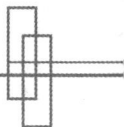

第三节　需要改进的方向

一、转变教学理念，倡导以学生为中心的教学模式

（一）重视学生主体性和积极性

1. 从"灌输式"到"学生为中心"

在教学过程中，教育者应以学生为中心，摒弃传统的"灌输式"教学模式。这一转变意味着将学生置于教学的核心位置，重视他们的主体性和积极性。教育者需要意识到每个学生都是独特的个体，拥有自己的思维方式、学习风格和兴趣爱好。因此，教学过程应该根据学生的需求和特点进行个性化的设计，为他们提供更加贴近实际、富有启发性的学习体验。在这种教学模式下，教育者不再是简单地向学生传授知识，而是扮演着引导者和促进者的角色，激发学生的好奇心和求知欲，引导他们自主探究、发现问题，并提出解决方案。通过营造积极互动的教学氛围，鼓励学生参与课堂讨论、分享见解，以及开展小组合作项目，教育者能够更好地了解学生的学习需求，促进他们的全面发展。此外，教育者还应注重培养学生的批判性思维、问题解决能力和团队合作精神，使他们成为具有创新能力和适应能力的未来人才。

总之，以学生为中心的教学模式不仅能够提高教学效果，还能够培养学生的自主学习能力和终身学习意识，为其未来的发展打下坚实的基础。

2. 鼓励学生参与和表达

教育者在教学过程中的一个重要任务是激发学生的学习兴趣和主动性。为此，积极鼓励学生参与和表达成为一项必要的教学策略。通过鼓励学生参与课堂讨论、提出问题，并分享他们的见解和想法，教育者能够营造一个开放、包容的学习环境。在这样的环境中，学生感受到自己的声音被尊重和重视，从而更愿意积极参与到学习活动中来。这种参与不仅仅是被动地接受知识，更是通过与他人的交流和思想碰撞，促进自己的思维发展和能力提升。通过参与课堂讨论，学生可以分享自己的看法和理解，与他人进行思想碰撞，拓宽自己的视野和思维深度。同时，通过提出问题，学生能够更深入地思考问题的本质，培养自己的批判性思维和解决问题的能力。教育者应该充分发挥自己的引导作用，鼓励学生不断探索、质疑和思考，从而激发他们的学习动力和主动性。这种积极地参与和表达不仅有助于学生个体的成长，也能够促进整个班级学习氛围的建设，提高教学效果和学习质量。因此，教育者应将鼓励学生参与和表达作为教学中的重要手段，不断营造积极向上的学习氛围，促进学生全面发展。

3.营造积极的学习氛围

为了营造积极的学习氛围，教育者应将课堂打造成一个充满活力和互动的环境。在这样的环境中，学生能够感受到他们在学习过程中的重要性和自主性，从而更愿意参与到学习活动中来。首先，教育者应关注课堂氛围的营造，确保学生在一个开放、包容的环境中学习。这意味着教育者需要尊重学生的个体差异，鼓励他们敢于表达和分享自己的观点，不因学术水平或背景差异而歧视或排斥任何学生。其次，采用互动式教学是营造积极学习氛围的有效手段之一。通过提问、讨论、互动等方式，教育者可以引导学生参与到课堂活动中来，激发他们的学习兴趣和积极性。例如，教育者可以设计一些富有启发性的问题，让学生展开思考和讨论，从而引发他们对学习内容的兴趣。最后，小组讨论也是营造积极学习氛围的有效途径之一。通过组织学生分组进行讨论，教育者可以促进学生之间的交流和合作，拓展他们的思维广度和深度。在小组讨论中，学生有机会分享自己的观点和见解，同时也能够从他人那里获得新的思维启发和知识点。

（二）个体差异的关注和针对性教学方案

1.充分了解学生的特点和需求

（1）学习风格的分析

教育者应通过观察和交流，了解学生的学习风格是倾向于视觉、听觉还是动手实践。针对不同学生的学习风格，制定相应的教学策略，使教学更具针对性和高效性。

（2）兴趣爱好的调查

通过问卷调查或小组讨论等方式，教育者可以了解学生的兴趣爱好，从而更好地选择教学内容和活动，激发学生的学习兴趣。

（3）学习能力的评估

通过课堂表现、作业完成情况以及小测验等方式，教育者可以评估学生的学习能力，及时发现并解决学习困难，为学生提供个性化的学习支持。

2. 差异化教学的实施

（1）分层教学

根据学生的学习水平和能力，教育者可以将学生分成不同层次的小组进行教学，以确保每个学生都能够在适合自己的学习环境中学习，并得到相应的指导和支持。

（2）个别辅导

对于学习困难或特殊需求的学生，教育者可以提供个别辅导，针对其具体问题进行深入的指导和帮助，帮助他们克服学习障碍，提高学习成绩。

3. 促进全面发展

（1）激发潜能

通过关注学生的个体差异，教育者可以更好地发现和激发每个学生的潜能，引导他们在学习中取得更好的成绩。

（2）培养自信心

针对学生的优势和特长，教育者可以通过表扬和鼓励，增强学生的自信心，使他们更加愿意面对挑战和追求进步。

（3）综合素养的培养

除了学术能力，教育者还应关注学生的综合素养，包括社交能力、创新能力和批判性思维等方面的培养，为其未来的发展做好全面准备。

（三）引导学生进行自主学习、探究和思考

1. 培养自主学习能力

教育者在培养学生的自主学习能力方面扮演着至关重要的角色。通过引导学生进行自主学习，教育者可以帮助他们逐步建立起自主学习的能力和习惯。首先，教育者可以设立学习任务，激发学生的学习兴趣和动力。这些任务可以是与课程内容相关的探究性学习任务，也可以是与学生个人兴趣爱好相关的拓展性学习任务。通过设立不同类型的学习任务，教育者可以引导学生自主选择学习内容，并在学习过程中探索、发现和解决问题，从而提高他们的学习主动性和探索精神。其次，教育者还可以提供丰富多样的自主学习资源，为学生提供学习的支持和指导。这些资源可以包括书籍、网络资料、学术期刊、视频教程等，学生可以根据自己的学习需求和兴趣选择合适的资源进行学习。最后，教育者也可以通过课外活动、学术讲座等方式拓宽学生的学习视野，培养他们独立思考和自主学习的能力。最重要的是，教育者应该给予学生适当的指导和反馈，帮助他们总结

经验、克服困难，逐步提高自主学习的效果和水平。通过这些方式，教育者可以培养学生的自主学习能力，使他们成为具有独立思考和终身学习能力的人才。这种能力不仅有助于学生在学术上取得成功，也能够为其未来的职业发展和个人成长奠定坚实的基础。

2. 鼓励学生探究和思考

教育者在教学过程中扮演着重要的角色，其中一个关键任务是鼓励学生进行探究和思考，以培养其批判性思维和问题解决能力。为了实现这一目标，教育者可以采取多种方式来激发学生的主动性和探索欲望。

第一，教育者可以提出开放性问题，引导学生进行深入思考和探讨。这些问题可能涉及课程内容、社会现象、科学问题等各个领域，可以激发学生的好奇心和求知欲，促使他们展开思考和探索。

第二，组织小组讨论是另一个有效的方式，可以让学生在团队合作的氛围中共同探讨问题、交流见解。通过小组讨论，学生不仅可以从他人的观点中获得启发，还可以学会倾听和尊重他人的意见，培养团队合作和沟通能力。

第三，教育者还可以鼓励学生参与科学实验、社会调查等实践活动，让他们通过实践来验证和应用所学知识，培养解决问题的能力和实践技能。

第四，教育者应该给予学生充分的自由和支持，鼓励他们在学习过程中尝试不同的方法和思维方式，从而培养其独立思考和创新能力。通过以上方式，教育者可以激发学生的学习兴趣和动力，培养其探究和思考的能力，为其未来的学习和发展奠定坚实的基础。

3. 培养创新意识和能力

通过引导学生进行自主学习、探究和思考，教育者可以有效地培养其创新意识和能力，从而为他们未来的学习和工作提供坚实的基础。

第一，自主学习能够激发学生的求知欲和探索精神。在自主学习的过程中，学生需要主动获取信息、分析问题、解决困难，这种过程本身就是一种创新的体现。通过不断地探索和实践，学生可以培养出对新事物的好奇心和对未知领域的探索欲望，从而激发其创新意识和能力。

第二，探究性学习可以促进学生的思维发展和问题解决能力。在探究性学习中，学生需要运用已有知识和技能去探索未知领域、解决实际问题，这要求他们具备创造性思维和创新意识。通过探究性学习，学生可以培养出发现问题、分析问题、解决问题的能力，从而为其未来的创新能力奠定基础。

第三，思考是培养创新意识和能力的关键环节。教育者可以通过提出开放性问题、组织讨论等方式，引导学生深入思考、交流见解，从而激发其思维活跃性和创新潜力。在思考的过程中，学生可以提出新的观点、探索新的思路，培养出独立思考和创新思维的能力。

二、丰富教学内容，注重与时代发展相结合

（一）结合时代发展引入丰富多样的教学资源和案例

1. 社会调查与实地考察

教育者应充分利用社会调查和实地考察等方式，为学生引入丰富多样的教学资源和案例，以使教育内容更贴近学生的生活和社会实践。通过实地考察当地社区、企业或机构，学生可以深入了解社会现状和问题，从而增强对理论知识的实践理解。例如，安排学生前往当地社区进行调查，了解社区的发展状况、居民生活情况以及存在的问题，通过与实际情况的接触，使学生能够将课堂所学的理论知识与社会实践相结合，增强学习的实效性和深度。

2. 关联当代社会问题和热点话题

在教学中，教育者应当紧密关联当代社会问题和热点话题，引导学生进行思考和探索。通过引入关于环境污染、社会不公等问题的案例，激发学生对社会现实的关注，培养其社会责任感和批判思维能力。例如，教育者可以引导学生分析当今社会面临的环境挑战，并讨论可能的解决方案和应对策略，从而激发学生的创新意识和解决问题的能力。

3. 提供多样化的学习资源

除了传统的教科书和课堂讲义，教育者还应该提供多样化的学习资源，如相关视频、文章、报告等。这些资源可以帮助学生更全面地了解当代社会发展的方方面面，拓宽其知识视野，提高学习的吸引力和实效性。例如，教育者可以引导学生观看与课程内容相关的纪录片或演讲视频，阅读与当代社会问题相关的研究报告或评论文章，从而帮助他们深入了解问题的背景和复杂性，培养其批判性思维和综合分析能力。

（二）提高教学内容的更新速度和实效性

1. 密切关注社会变化和发展趋势

教育者应当时刻保持对社会变化和发展趋势的关注，及时了解最新的社会现

实和热点问题。只有与时俱进，才能确保教学内容的新颖性和实效性，从而更好地满足学生的学习需求。通过持续不断地关注新闻、学术研究、行业报刊等渠道，教育者可以及时了解到社会变化的动态，从而根据实际情况调整教学内容，保持其与时代发展的同步性。

2. 及时更新教材和教学资源

建立在对社会变化的观察和理解基础上，教育者应当及时更新教材和教学资源，确保其与时代发展保持同步。这需要教育者不断搜集和整理相关的教学资料，进行适当的调整和更新。教育者可以通过更新教材内容、添加最新的案例分析、引入新的教学方法等方式，确保教学内容的新鲜性和实用性，使学生能够及时掌握最新的知识和技能。

3. 引入实践案例和新颖观点

在教学过程中，教育者应当引入最新的实践案例和新颖观点，激发学生的思考和探索。通过分享当代社会的成功经验和挑战，学生可以更深入地理解理论知识的实践意义，增强学习的实效性和可持续性。教育者可以结合最新的社会案例、科技进展、经济变化等，为学生提供丰富的学习资源，促进其全面发展和创新能力的培养。

（三）引导学生深入思考和探索当代社会问题

1. 设计相关课题和项目

教育者应当设计相关课题或项目，引导学生深入思考和探索当代社会问题。通过组织学生开展社会调研或参与社会实践活动，让他们亲身体验社会问题，并提出自己的见解和解决方案。例如，可以安排学生围绕环境保护、社会公平、科技发展等方面展开研究，让他们深入了解问题的本质和影响，培养其分析问题和解决问题。

2. 培养社会责任感和创新能力

通过引导学生深入思考和探索当代社会问题，教育者可以培养其社会责任感和创新能力。这有助于学生发展批判性思维、解决问题的能力，并为未来的社会发展和进步作出积极贡献。通过让学生意识到自己作为社会成员的责任和义务，同时激发他们探索解决问题的动力和创造力，教育者可以培养出具有社会担当和创新精神的学生。

3. 提供个性化的指导和支持

在学生进行社会问题研究和探索的过程中，教育者应提供个性化的指导和支持，帮助他们克服困难，完善研究方案，确保学习目标的达成。通过与学生进行密切的沟通和互动，了解他们的学习需求和困难，为他们量身定制合适的学习计划和支持措施。同时，鼓励学生勇于表达自己的观点和见解，促进学术交流和合作，激发更多创新思维和解决问题的方法。

三、探索多元化的教学方法，激发学生的学习兴趣和主动性

（一）多样化的教学方法和形式

1. 互动式教学

教育者可以采用互动式教学方法，让学生参与课堂互动，例如提问、回答问题、展示作品等。这种互动不仅能够提升课堂氛围，还能够激发学生的学习兴趣。通过积极参与互动，学生更加主动地探索和学习知识，同时增强了他们的自信心和表达能力。教育者应当充分利用各种互动工具和技巧，创造出富有活力的课堂环境，促进学生的思维碰撞和知识共享。

2. 问题解决式教学

通过设立问题解决式教学任务，教育者可以引导学生运用所学知识解决实际问题。这种教学方法有助于培养学生的问题解决能力和创新思维，激发他们对学习的兴趣和热情。在问题解决过程中，学生需要运用多种技能和方法，不断思考、分析并寻找解决方案，从而提高了他们的综合能力和学习效果。教育者可以设计具有挑战性和实践性的问题，激发学生的探索欲望，引导他们积极思考和解决问题。

3. 小组讨论

安排小组讨论活动可以让学生在小组内相互交流、合作，并共同解决问题。通过小组讨论，学生可以分享不同的观点和经验，拓展思维广度，培养团队合作能力。在小组讨论中，学生可以互相启发、借鉴彼此的想法，从而促进思想碰撞和思维的深度拓展。同时，小组讨论也能够培养学生的沟通能力和合作精神，使其具备更强的团队意识和协作能力。教育者应当合理安排小组成员，指导学生有效地组织讨论，确保每个学生都能够充分参与并受益。

（二）创设积极互动的教学氛围

1. 设置小组讨论

教育者可以将学生分成小组，让他们在小组内自由讨论问题并提出解决方案。通过小组讨论，学生有机会分享彼此的看法和观点，从而促进了彼此之间的交流和合作。小组讨论还可以使学生更积极地参与到课堂学习中，增强了学习氛围。

2. 案例分析

引入实际案例进行分析是一种非常有效的教学方法。通过分析真实的案例，学生可以将所学的理论知识应用到实践中，从而更加深入地理解课程内容。案例分析还可以激发学生的批判性思维和判断能力，培养其分析和解决问题的能力。

3. 角色扮演

通过安排角色扮演活动，教育者可以让学生身临其境地体验和理解所学知识。角色扮演可以帮助学生更好地理解历史事件、社会现象或人物角色的心态和情感。这种亲身体验的方式可以激发学生的兴趣，增强他们的参与度和表达能力。

（三）关注学生的反馈和评价

1. 建立有效的反馈机制

（1）意见收集渠道的建立

教育者可以通过多种渠道收集学生的反馈意见，包括课堂问卷调查（附录一）、个别面谈、在线平台留言等。这样的多元化渠道可以更全面地了解学生的想法和建议。

（2）定期反馈与调整

教育者应该建立定期的反馈机制，例如每学期末或每次课程结束后都进行一次学生反馈。根据学生的反馈意见，及时调整教学方法和内容，以提高教学效果和学生满意度。

（3）透明和及时地反馈回馈

教育者应该将学生的反馈意见及时回馈给他们，并透明地说明将如何采取行动来解决问题或改进教学。这样可以增强学生对反馈机制的信任感，进一步促进教学质量的提高。

2.针对性的帮助和指导

（1）个性化关怀

教育者应该根据学生的不同情况和反馈意见，提供个性化的帮助和指导。例如，针对学习困难的学生提供额外的辅导和支持，帮助他们克服学习障碍，提高学习成绩。

（2）心理辅导和支持

除了学术方面的帮助，教育者还应该关注学生的心理健康和情感需求。在学生反馈中发现心理问题的，应及时提供心理辅导和支持，帮助他们调整心态，增强学习信心。

（3）建立学习社区

教育者可以鼓励学生之间互相帮助和支持，在课堂上创设积极向上的学习氛围。通过小组学习和合作项目，学生可以相互促进，共同进步。

3.持续改进和提高

（1）反馈结果的分析与总结

教育者应该对收集到的学生反馈意见进行认真分析和总结，找出问题的根源和改进的方向。这样可以有针对性地进行教学改进，提高教学质量。

（2）专业发展与学习

教育者应该不断提升自己的教学水平和专业素养，通过参加教育培训、研讨会等活动，不断学习和更新教学理念和方法。

（3）借鉴他人经验

教育者可以借鉴他人的教学经验和成功做法，了解其他教师在教学中采取的有效方法，从而为自己的教学工作提供借鉴和启示。

第四章 "互联网+"背景下高校思政教学模式创新理念

第一节 "互联网+"思政教学模式的概念和特点

一、以互联网技术为支撑，实现教学资源的全球化共享

（一）数字化、网络化的教学资源

1. 教材数字化

传统的教科书逐渐被数字化版本所替代。教育者可以将教材以电子书的形式发布在网络上，学生可以随时通过网络访问和学习。这种数字化的教材具有更新方便、携带方便等特点，有利于提高学习效率。

2. 课件网络化

教育者可以利用互联网平台制作和发布课件，学生可以在网络上观看和下载课件，随时随地进行学习。网络化的课件不受时间和空间限制，便于学生复习和深入学习。

3. 案例分析资源

丰富的案例分析是思政教育的重要组成部分。"互联网+"思政教学模式可以通过网络共享大量的案例分析资源，包括历史事件、社会现象、个人经历等，为学生提供更广泛的学习资源。

（二）全球范围内的共享

1. 教育资源平台

各种在线教育平台和资源库为教育者提供了丰富的教学资源。教育者可以在这些平台上发布和分享自己的教学资源，也可以从中获取其他教育者分享的资

源，实现资源的共享和交流。

2. 国际化学习体验

"互联网+"思政教学模式使得学生可以获取来自世界各地的优质教学资源，包括国外大学的在线课程、国际学术期刊等。这种国际化的学习体验有助于学生开阔视野、增长知识。

3. 跨文化交流

通过互联网，学生可以与世界各地的学生进行跨文化交流，分享各自的学习经验和观点。这种跨文化交流有助于增进学生的国际视野和文化理解能力，提升其综合素质。

（三）拓展教学领域

1. 在线课程

"互联网+"思政教学模式为学生提供了丰富多样的在线课程选择，包括思政理论课程、社会科学课程等。学生可以根据自己的兴趣和需求选择合适的在线课程进行学习，拓展教学领域。

2. 学术资源共享

互联网上有大量的学术论文、研究报告等学术资源可供教育者和学生使用。这些学术资源的共享和交流有助于促进学术研究的进步，为思政教学提供理论支撑和参考。

3. 专家讲座

互联网技术使得专家讲座可以在线上进行。教育者可以邀请国内外的专家学者进行在线讲座，为学生提供丰富的学术资源和学习机会，拓展思政教学的教学领域。

二、倡导以学生为中心的教学理念，提升学生参与度和主动性

（一）设计吸引人的教学活动

1. 利用多媒体技术

通过利用图像、视频、音频等多媒体元素，教育者可以设计生动有趣的教学活动，吸引学生的注意力。例如，使用视频展示历史事件、社会现象，或播放相关音频进行讲解，以增强学生对课程内容的感知和理解。

2. 创设情境化场景

在教学中创设具有情境感的场景，使学生身临其境，增加教学的趣味性和生动性。例如，模拟法庭辩论、社会实践活动等，让学生在真实场景中进行角色扮演和互动，从而更好地理解和应用所学知识。

3. 引入游戏化元素

结合游戏化设计原理，将教学内容融入游戏化活动中，增加学生参与度和积极性。例如，设计思政知识竞赛、角色扮演游戏等，通过竞争、奖励等方式激发学生的学习兴趣，提升他们对课程内容的关注度和投入度。

（二）提高学生参与度

1. 个性化学习体验

利用互联网技术和智能化工具，教育者可以根据学生的学习习惯、兴趣爱好等个性化信息，为他们提供定制化的学习体验。例如，通过学习管理系统（LMS）分析学生学习数据，为他们推荐适合的学习资源和任务，增强学生的学习参与度和自主性。

2. 开展在线讨论和合作学习

利用网络平台，教育者可以组织在线讨论、小组合作等形式的教学活动，促进学生之间的交流和合作。通过讨论问题、分享观点，学生可以更深入地理解和探讨课程内容，增强其参与度和学习效果。

3. 实践性学习任务

设计具有实践性的学习任务，让学生在实际情境中应用所学知识，增强其学习的体验和参与度。例如，安排社会调查、实地考察、项目设计等任务，让学生亲身参与其中，从而更好地理解和掌握课程内容。

（三）激发学生思考和创新能力

1. 提出启发式问题

在教学中提出具有启发性的问题，引导学生进行深入思考和探索。这些问题可以是开放性的，激发学生的好奇心和探索欲望，促使他们主动思考和提出解决方案。

2. 鼓励自主学习和独立思考

教育者应该鼓励学生进行自主学习和独立思考，提供必要的指导和支持。通过布置独立研究项目、论文撰写等任务，培养学生主动获取知识、分析问题和提出见解的能力。

3. 开展创新实践活动

设计具有创新性和实践性的教学活动，鼓励学生进行创新实践和探索。例如，组织学生参与社会实践项目、科技创新竞赛等，培养其解决实际问题的能力和创新意识。

第二节 创新理念的内涵和要求

一、创新理念的内涵

（一）重视思政教育

1. 思政教育的地位与作用

（1）理论指导与实践引领

思政教育在高校教育中具有重要地位和作用。它不仅是传授理论知识的过程，更重要的是引导学生将所学理论知识与实际生活相结合，培养学生正确的思想观念和行为规范，从而提升其综合素质和人格魅力。

（2）思想引领与价值观塑造

思政教育是塑造学生思想、引导学生情感、激发学生潜能的重要途径。通过对学生进行思想道德教育，可以引导他们树立正确的世界观、人生观和价值观，增强学生的社会责任感和使命感，培养学生积极向上的人生态度和行为习惯。

（3）全面发展与综合素质提升

思政教育旨在培养学生全面发展、综合素质和正确价值观。通过思政教育，可以促进学生心理素质、思维能力、情感态度和行为习惯的全面提升，使其具备良好的人文素养和社会责任感，为其未来的发展奠定坚实基础。

2. 适应时代发展

（1）教育内容与学生需求的契合

在互联网时代，高校思政教育需要与时代发展相适应，紧密结合学生的需求和兴趣特点，调整和优化教育内容和方式，使之更具有针对性和实效性。通过引入与学生生活密切相关的案例分析和实践活动，提高教育的实践性和趣味性，增强学生的学习积极性和主动性。

（2）灵活运用先进技术手段

在互联网时代，高校可以利用先进的技术手段，如在线教育平台、虚拟实境技术等，创新思政教育的内容和形式，提高教育的互动性和趣味性，增强学生的学习体验和参与度。

（3）开展跨学科交叉合作

高校还应积极开展跨学科交叉合作，充分利用各个学科的优势资源，为思政教育提供丰富多彩的教学内容和实践活动，促进学生综合素质的全面提升和发展。

3.探索创新路径

（1）整合网络资源

在互联网时代，高校可以积极整合各类网络资源，包括网络课程、在线讲座、教学视频等，为思政教育提供丰富的教学内容和学习资源。通过整合网络资源，可以打破时间和空间的限制，拓宽学生的学习视野，增强其学习动力和主动性。

（2）创新教学模式

高校思政教育应当不断探索创新的教学模式和方法。可以采用问题导向的教学模式、案例教学法、小组讨论等多种教学手段，激发学生的思维和创新能力，提高教育的实效性和吸引力。

（3）加强实践教育

互联网时代的思政教育应当注重实践教育的开展。通过组织社会实践、参与社会志愿活动、开展社会调研等形式，让学生走出课堂，走进社会，亲身感受社会的多样性和复杂性，增强其社会责任感和实践能力。

（二）分析思政教育形式

1.传统教学模式的特点

（1）课堂讲授为主

传统思政教育模式主要以教师在课堂上进行的讲授为主要形式，教师通过传授知识和观念来引导学生思考和理解。学生在这种模式下主要是被动接受知识。

（2）书面阅读和思想讨论

除了课堂讲授外，传统思政教育也包括学生在课外进行的阅读和思想讨论活动。学生需要通过阅读教材、文献或参考资料，然后在课堂上与教师和同学讨论

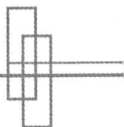

和交流。

（3）教师主导教学过程

在传统教学模式下，教师在教学过程中起着主导作用，他们决定课程内容、教学方法和学习进度。学生则需要按照教师的要求和安排进行学习。

（4）学生被动接受

由于教学方式的设定，学生在传统思政教育模式下通常是被动接受者。他们主要通过听讲、阅读和参与讨论来获取知识，缺乏主动性和参与度。

2. 互联网时代的教学模式变革

（1）在线教学和互动讨论

随着互联网技术的发展，教育者可以利用在线教学平台和社交媒体开展教学活动。通过在线教学，学生可以随时随地获取教育资源，并与教师和同学进行实时互动和讨论，打破了传统教学中时间和空间的限制。

（2）虚拟实验和模拟场景

在互联网时代，虚拟实验室和模拟场景的应用也为思政教育带来了新的可能性。通过虚拟实验和模拟场景，学生可以在虚拟环境中进行实践操作和情景模拟，增强了学生的实践能力和应用能力。

（3）个性化学习和定制化课程

互联网技术的发展也使得教育个性化和定制化成为可能。教育者可以根据学生的学习需求和兴趣特点，设计个性化的教学内容和课程计划，提高了教育的针对性和灵活性。

3. 教育形式的差异与联系

（1）优点互补

传统教学模式和现代互联网时代的教学模式各有其优点。传统教学模式注重师生面对面的教学互动和交流，有利于培养学生的纪律性和沟通能力；而互联网时代的教学模式则更加灵活多样，能够满足学生个性化学习需求，激发学生的学习兴趣和创造力。

（2）相辅相成

传统教学模式和现代互联网时代的教学模式并不是对立的关系，而是相辅相成的。教育者可以在传统教学模式的基础上，借鉴和融合现代互联网技术，创新教学内容和方式，提高教育的效果和质量。

（3）变革与延续

互联网时代的教学模式变革并不意味着完全放弃传统教学模式，而是在继承传统的基础上进行变革和延续。传统教学模式中的一些经验和方法可以为现代教育提供借鉴和启示，而现代教学模式的创新和发展也为传统教育注入了新的活力和思路。因此，两者之间存在着密切的联系和互动，共同推动着教育的不断进步和发展。

（三）确定教育要求

1.培养学生的综合素质

（1）思想道德素质的培养

在互联网时代，思政教育的重要任务之一是培养学生的思想道德素质。高校应该通过课程设置和教学活动，引导学生树立正确的世界观、人生观和价值观。例如，可以通过思想政治理论课程的教学，结合当前社会热点问题和时事政策，引导学生深入思考，提升他们的道德素养和社会责任感。

（2）科学文化素养的提高

除了思想道德素质，高校还应该注重培养学生的科学文化素养。在互联网时代，信息爆炸的特点要求学生具备良好的信息获取和辨别能力，以及批判性思维和创新能力。教育者可以通过开设科普课程、组织科技创新活动等方式，提高学生的科学素养，培养他们的创新意识和科学精神。

（3）实践能力的培养

互联网时代下，高校思政教育要求培养学生的实践能力，使他们能够在实际工作和生活中运用所学知识解决问题。为了达到这一目标，高校可以开展各类实践教学活动，如社会实践、科研实践、创业实践等，让学生在实践中不断锻炼和提升自己的能力。

2.培养学生的创新能力

（1）鼓励自主思考和独立探索

在互联网时代，思政教育要求高校鼓励学生进行自主思考和独立探索，培养其创新意识和创造力。教育者可以通过开展讨论课、研讨会等活动，引导学生参与问题解决过程，激发他们的思维活跃度和创新潜能。

（2）提供创新平台和资源支持

为了促进学生的创新能力，高校可以提供创新平台和资源支持。例如，建立学生科研创新基地、开展创业孵化项目等，为学生提供展示才华和实践能力的机

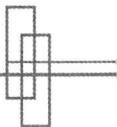

会，激发其创新创业热情。

（3）引导跨学科交叉学习

互联网时代的思政教育还要求高校引导学生进行跨学科交叉学习，拓宽他们的知识视野和思维空间。通过开设跨学科课程、组织学术交流等方式，培养学生的综合分析和解决问题的能力，促进其创新思维的形成和发展。

二、创新理念的要求

（一）本着发展精神

1.探索新的教育模式和方法

高校在当前互联网时代应积极探索新的思政教育模式和方法，以适应时代发展的需求和学生的学习特点。其中，基于互联网技术的在线教育是一种重要的探索方向。通过建设在线学习平台和开发相关教学资源，高校可以实现教育内容的数字化、网络化，并且可以实现教育资源的全球化共享，为学生提供更为便捷、灵活的学习方式。此外，利用虚拟实境技术开展沉浸式教学也是一种创新的思政教育方法。通过虚拟现实技术，学生可以身临其境地体验各种社会情境和历史事件，增强对于思政教育内容的理解和体验，激发其学习兴趣和参与度。

除此之外，还可以探索借助多媒体技术和互动性教学工具，设计生动活泼的教学活动，如教学游戏、在线讨论等，以提升学生的学习体验和教育效果。这些新的教育模式和方法有助于打破传统教学模式的局限性，更好地满足学生个性化、多样化的学习需求，促进思政教育的全面发展和深入实施。通过不断探索和创新，高校思政教育可以更好地适应时代发展的需要，培养出更具有创新精神和实践能力的优秀人才，为社会的进步和发展作出积极贡献。

2.践行创新精神

教育者在思政教育领域应当以创新精神为动力，持续地探索并尝试新的教学理念和方法。这种创新意识的践行，不仅是对传统教学模式的挑战，更是对教育质量不断提升的追求。在面对教学实践中的各种挑战和困难时，教育者应当以乐观的态度和坚定的信念去面对，勇于尝试新的教学方法和策略。通过不断地实践和反思，教育者可以发现教学中存在的问题并寻求解决之道，从而逐步提升思政教育的质量和效果。这种践行创新精神的过程，既是对教育者个人能力的锻炼，也是对整个教育体系的推动和完善。教育者应当克服传统观念的束缚，敢于打破常规，积极探索教育的边界和可能性。只有不断地追求创新，才能在思政教育领域取得更加显著的成果，为培养具有创新精神和实践能力的优秀人才作出更大的贡献。因此，教育者应当时刻保持对于创新的敏感性和热情，不断地追求教育理念和方法的更新与完善，以推动思政教育事业的蓬勃发展。

3.倡导开放思维

高校在思政教育领域应当倡导开放的思维方式，这意味着教育者和学生都应积极拥抱新观念和新理念，并勇于接受不同学科领域的交叉和跨界合作。开放思维的倡导不仅能够促进思政教育的创新和发展，也能够为教育者和学生提供更广阔的学术视野和思考空间。

第一，教育者应当具备开放的思维方式，能够接纳不同的教学理念和方法，并灵活运用于教学实践中。他们应当保持对教育领域新理念的敏感性和开放性，不断吸收借鉴国内外先进的教育理念和经验，以丰富自己的教学方式和手段。

第二，学生也应当被鼓励拥抱开放的思维方式，鼓励他们跳出传统学科界限，勇于探索跨学科的知识领域。通过参与不同学科的交叉合作和跨界项目，学生可以拓宽自己的学术视野，培养跨学科思维能力和创新意识。开放思维的倡导还意味着促进教育者和学生之间的良性互动和交流。教育者应当倾听学生的声音，尊重他们的想法和意见，鼓励他们勇于表达和分享自己的观点。同时，学生也应当积极参与教育者组织的学术讨论和活动，与教育者共同探讨教育领域的新理念和思路。通过教育者和学生之间的开放性互动，可以促进教育理念的碰撞和创新，为思政教育的持续发展注入新的活力和动力。因此，高校应当积极倡导开放的思维方式，为教育者和学生营造开放、包容的学术氛围，共同推动思政教育事业的蓬勃发展。

（二）明确工作目标

1.确立明确的教育目标

高校在推进思想政治教育时，应当着眼于制定明确的教育目标，以此为指导，明确教育工作的方向和重点。这些目标应当全面反映学校对学生全面发展的期望，涵盖了学生思想、道德、知识、能力等各个方面的培养需求。

第一，高校应制定的一个重要目标是培养学生的思想道德素质。这意味着通过思政教育，培养学生正确的思想观念和道德价值观，使其具备坚定的理想信念、高尚的道德品质和正确的人生价值取向。

第二，高校应该着重提高学生的综合素养。这包括了学生的科学文化素质、创新能力、实践能力等方面的提升。通过多样化的教学内容和活动，培养学生的综合素质，使其具备批判思维、创新意识和实践能力，能够适应社会发展的需要。

第三，高校还应该将培养学生的社会责任感作为一个重要的教育目标。这意味着要引导学生关注社会现实问题，树立正确的社会观念和责任意识，促使他们主动参与社会实践和公益活动，为社会发展和进步贡献自己的力量。通过制定明确的教育目标，高校可以更加有针对性地开展思想政治教育工作，将教育资源和力量集中在关键领域，为学生全面发展提供有力支持。同时，这也有助于评估和监督教育工作的效果，及时调整和改进教育方法和措施，不断提升思政教育的质量和水平。因此，制定明确的教育目标对于高校推进思政教育事业具有重要的意义和作用。

2. 量化评价标准

高校在推进教育工作时，建立科学的评价体系是至关重要的。其中，量化评价标准是评价体系的重要组成部分之一。量化评价标准是指将教育目标和效果转化为可量化的指标和数据，以便进行客观、准确地评估和监测。

第一，针对教育目标，高校可以制定具体的量化指标，如学生思想政治素质的评估指标可以包括爱国主义情感、社会责任感、创新能力等方面的量化指标。

第二，针对教育效果，可以通过定期的测试、问卷调查（附录二）、学生评价等方式收集数据，对教育工作进行量化评估。比如，可以通过学生的成绩、参与活动的次数、参与度等数据来评估教育效果。然后，通过对这些数据的分析和比较，可以及时发现问题和不足，为教育工作的改进提供依据和方向。

第三，建立科学的评价体系，需要不断完善和优化评价指标和方法，确保评价的客观性和准确性。通过量化评价标准，高校可以更加科学地评估教育工作的质量和效果，及时调整和改进教育策略和方法，为教育目标的实现提供科学依据和保障。这样的评价体系不仅有助于高校全面提升教育质量，也有助于满足社会对教育成果的客观评价需求，从而推动教育事业的持续发展。

3. 高校在推进思想政治教育时，除了制定明确的教育目标外，还需要建立健全的长效机制，以确保这些目标的持续推进和实现。

第一，教师培训机制是非常重要的一环。高校应该建立定期的教师培训计划，通过培训教师的教育理念、教学方法和教育技能，提高其思政教育水平和专业素养。这包括了丰富的教学实践、案例研究、教育心理学等方面的培训内容，以确保教师能够胜任思政教育工作的要求。

第二，学生评价机制也是至关重要的一环。高校应该建立多维度、多层次的学生评价体系，既包括了对学生学业水平和综合素质的评价，也包括了对思政教育效果的评估。通过学生的反馈和评价，及时了解教育工作的情况，发现问题并及时调整，以保证教育工作的质量和效果。

第三，还需要加强对教育工作的监督和评估机制。高校可以建立专门的教育督导机构，负责对思政教育工作进行监督和评估，确保教育目标的全面推进和实现。通过建立健全的长效机制，高校可以更好地推进思政教育工作，提高教育工作的质量和水平，为学生成长成才提供良好的思想政治引领和教育保障。这些机制的建立和运行将为教育工作的顺利开展提供保障，为高校的发展和进步注入新的动力和活力。

（三）完善教育方案

1.根据实际情况调整方案

高校在推进思想政治教育时，应当根据具体的实际情况灵活调整方案，以确保教育工作的有效性和实用性。

首先，高校需要深入了解不同学科的特点和学生的需求。不同学科领域的学生可能具有不同的学习背景、兴趣爱好和学习方式，因此，思政教育方案应该根据不同学科的特点进行针对性调整和优化。例如，在工科和文科领域，可以结合专业知识和实际案例，设计相应的思政教育内容，使之更贴近学生的学习实际和职业发展需求。

其次，高校应当考虑到学生的需求和关注点。随着社会的不断发展和变化，学生的价值观念、兴趣爱好和学习需求也在不断变化。因此，高校需要定期开展调查和研究，了解学生的思想动态和心理特点，及时调整和优化思政教育方案。例如，可以通过组织学生座谈会、开展问卷调查等方式，收集学生的意见和建议，根据实际情况调整教育内容和方式，提升教育工作的针对性和实效性。

最后，高校还应当关注社会的发展需求和趋势。作为培养未来社会栋梁的重要力量，高校学生应当具备扎实的思想政治素质和综合素养，能够适应社会发展的要求和挑战。因此，高校思政教育方案应当紧密结合社会实际，关注时事热点和社会问题，引导学生关注国家发展大局，培养学生的社会责任感和创新精神。例如，可以组织学生参与社会实践活动、开展主题教育讲座等方式，提升学生的社会参与能力和综合素养，促进其全面发展和成长。

2. 开发多样化的教学资源

高校在推进教育教学工作时，应积极开发和利用多样化的教学资源，以满足学生不同学习需求，提升教学效果和质量。其中，多样化的教学资源包括但不限于在线课程、数字化教材、教学视频等，这些资源为学生提供了丰富多彩的学习体验和学习资源。

第一，开发在线课程是一种重要的教学资源。随着互联网技术的发展，高校可以利用在线教育平台，开发各类在线课程，涵盖不同学科和领域，为学生提供灵活自主的学习机会。在线课程具有时间灵活、地点自由的特点，学生可以根据自身的学习进度和时间安排进行学习，有助于提高学习效率和学习兴趣。

第二，数字化教材也是一种重要的教学资源。高校可以将传统教材数字化，制作电子版教材或者开发教学 App，让学生可以随时随地获取教材内容，方便快捷地进行学习。数字化教材具有内容丰富、交互性强的特点，可以通过多媒体、动画等形式呈现知识，提升学习效果和趣味性。

第三，教学视频也是一种有效的教学资源。高校可以录制教学视频，将课堂教学内容进行拍摄和制作，供学生在线观看。教学视频可以生动形象地展示教学内容，帮助学生更直观地理解和掌握知识，同时也可以提供学生反复观看的机会，加深学习印象。

多样化的教学资源为高校教育教学工作提供了丰富的支持和帮助。通过积极开发和利用在线课程、数字化教材、教学视频等多种教学资源，高校可以提供更加灵活多样的学习体验和学习资源，满足学生个性化、差异化的学习需求，提升教学质量和效果，推动教育教学工作的不断创新和发展。

3. 促进教育内容与学生需求的契合

高校教育的核心在于满足学生的学习需求和促进其个人发展。为了实现教育内容与学生需求的契合，高校需要采取一系列措施，灵活调整教育内容和教学方式，以提高教育的针对性和实效性。

第一，高校应加强对学生需求的调研和了解。通过定期的调查问卷、个别谈话、学生代表会议等形式，了解学生的学习需求、兴趣爱好、学习习惯等方面的信息。这有助于高校更加准确地把握学生的需求特点，为教育内容的调整和优化提供参考。

第二，高校应注重教育内容的灵活性和多样性。教育内容应当根据学生的需求和兴趣特点进行灵活调整和设计，注重内容的多样性和趣味性。可以通过引入案例分析、实践活动、项目研究等形式，使教育内容更加贴近学生的实际生活和学习需求，激发学生的学习兴趣和动力。

第三，高校还应重视教学方式的多样化和个性化。教学方式应当根据学生的学习特点和需求，灵活选择和运用。可以采用讲授式教学、小组讨论、案例分析、实践操作等多种教学方法，满足不同学生的学习风格和需求，提高教学的针对性和实效性。

第四，高校应鼓励教师与学生之间的互动和沟通。教师应当与学生保持密切的联系，及时了解学生的学习情况和反馈意见，根据学生的反馈和建议调整和优化教学内容和方式。同时，学生也应积极参与教育教学过程，表达自己的学习需求和意见，与教师共同探讨和改进教学工作，促进教育内容与学生需求的更好契合。

第三节　经典案例分析

一、借助网络平台进行线上讨论与互动，促进学生思想交流与碰撞

高校可以借助网络平台，如在线教育平台、社交媒体平台等，开展线上讨论与互动，从而促进学生之间的思想交流与碰撞。

（一）高校思想政治理论课线上线下混合式教学模式的现状分析

借助网络平台进行线上讨论与互动是促进高校思想政治理论课深化教学改革的有效举措。然而，在实践中，高校面临着一系列挑战与机遇。对于混合式教学模式的建设和实施，需要全面分析其现状与发展方向，并提出相应的解决方案。

1. 线上线下教学开展不均衡

在高校思政课教学中，线上线下教学开展的不均衡现象是一项令人担忧的问题。这种不均衡往往源自部分思政课教师对混合式教学模式的认知不够全面。他们可能会简单地将线上教学与线下教学结合，或者认为两者可以相互替代，而忽视了二者之间的均衡性。

一方面，有些思政课教师可能会忽略线上教学的存在，直接开展线下教学。

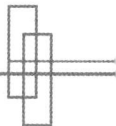

虽然他们会尝试将一些在线教育平台如慕课、云课堂等资源融入实际教学中，但通常仅限于将课下录制好的教学视频上传到平台中，而忽略了网络课堂互动环节。这种做法在一定程度上限制了学生与教师之间的互动，无法充分利用网络平台提供的交流与讨论功能。

另一方面，部分思政课教师可能会将混合式教学模式转化为单纯的线上教学。尽管一些教师能够熟练运用网络教学平台，但长时间的网络教学可能会导致学生注意力的分散和疲劳，从而降低思想政治理论课的教学效果。

2. 线下教学不可替代

尽管信息化时代带来了许多新的教育技术和教学方式，但传统的线下课堂教学仍然具有不可替代的重要性。在教育领域，线下教学一直被视为最主要、最有效的教学方式之一，具有独特的优势和特点。尽管线上教学在某些方面提供了便利和灵活性，但其地位仍然是辅助性的。

第一，线下教学方式为学生提供了更为丰富和深入的学习体验。在传统的教室环境中，学生可以与老师和同学们进行面对面地交流和互动，实时解答问题、讨论学习内容，这有助于加深学生对知识的理解和掌握。此外，学生在课堂上也能够更直接地感受到教师的教学情感和态度，激发学习兴趣，提高学习动力。

第二，线下教学能够更好地促进学生的自律性和自主学习能力的培养。在传统的教室环境中，学生需要面对老师的直接监督和指导，更容易保持学习的纪律性和专注力。相比之下，线上学习则对学生的自我管理能力提出了更高的要求，学生需要自觉地安排学习时间、管理学习进度，这对于一些学生来说可能是一项较大的挑战。

第三，线下教学可以更好地解决线上教学中存在的互动问题。在线上学习平台上，学生之间的交流和互动受到了一定的限制，无法像面对面交流那样自由和及时。而在传统的教室环境中，学生可以更自然地展开讨论，分享观点，形成良好的学习氛围，这对于促进学生之间的思想交流和碰撞至关重要。

3. 混合式教学考核评价机制滞后

混合式教学模式在教育领域的引入带来了许多新的挑战和机遇，其中考核评价机制的落实和完善尤为关键。然而，当前混合式教学模式下的考核评价机制存在一定的滞后和不足，主要表现在以下几个方面。

第一，部分高校思政课教师在混合式教学模式下未能充分运用大数据技术。大数据技术在教育领域的应用已经成为一种趋势，能够为教学评价提供更全面、更准确的数据支持。然而，部分思政课教师可能缺乏对大数据技术的应用意识和能力，导致未能将其运用到混合式教学的考核评价中。这使得教师无法整体性地把握学生的学习数据，从而影响了对学生学习情况的深入分析和评价。

第二，混合教学模式中网络教学平台的运用存在不统一的情况。由于不同高校或不同教师可能选择使用不同的在线教育平台或教学管理系统，导致了数据的碎片化和难以统一整合。这使得思政课教师难以获得学生在不同平台上的学习情况，无法形成全面的学生学习档案，从而影响了对学生学习情况的全面评价。

第三，学生在网络平台中的学习行为和表现往往难以构成形成性评价的有效依据。尽管网络平台能够记录学生的学习时长、参与讨论的频率以及完成的课后作业等信息，但这些信息往往只是表面的数字数据，难以真实反映学生的学习深度和理解程度。而且，由于数据衔接的问题，这些信息也难以与课堂教学和其他形式的评价相结合，导致了评价的片面性和不准确性。

（二）高校思想政治理论课线上线下混合式教学模式的构建

1. 提高线上线下混合教学的均衡性

为了提高高校思政课的线上线下混合教学的均衡性，思政课教师需要不断突破自身的认知局限性，加强融合教学意识。一方面，需要改变线上线下教学"孤立性"的认知。传统上，教师可能倾向于将线上和线下教学视为相互独立的两种模式，或者简单地将它们简单地结合在一起。然而，实际上，线上和线下教学应该被看作是相辅相成、相互促进、互相融合的关系。思政课教师应该根据具体的教学目标设计线上思政教学内容和教学计划，合理安排课时和学时，同时把握思政课教学的重点和难点，以促进线上教学与线下教学的有机融合，提高思政理论课的教学效果。

另一方面，需要改变线上线下教学"无用论"的认知。有些思政课教师可能认为线下教学过于枯燥，可以被线上教学取代，或者认为线上教学难以达到教学目标。然而，实际上，线上教学具有线下教育不可替代的价值与功能。因此，高校思政课教师应该充分认识到线上和线下教学是相互促进、互相补充的统一体，形成合力教学意识，以打造高质量的思想政治理论教学课堂为目标。

通过这样的认知转变，思政课教师可以更好地整合线上和线下教学资源，提高教学的灵活性和适应性。同时，也能够更好地满足学生的学习需求和提高教学效果。这种融合式教学的理念不仅可以促进思政课程的教学质量，还能够培养学生全面发展的能力，提升其思想政治素养，从而更好地适应当今社会的发展需求。

2.强化互动，实现混合教学新常态

高校思政理论课既不能全依托于线下教学，又不能剔除线上教学，要立足于长远发展的眼光，将线上教学与线下教学有机结合，建立联动机制，形成混合教学、内外融合、全面辐射的思政课教学体系，最大程度发挥混合式教学模式的独特作用与优势。

（1）重新定义线上教学与线下教学，实现其常态化发展

重新定义线上教学与线下教学，实现其常态化发展具有重要的意义和价值。

首先，在课前混合式教学方面，教师应当充分利用网络教学平台，将思政课所需的相关资料和资源上传至平台，并设定相应的教学任务。学生可以根据具体的任务和自身情况，制定适合自己的学习计划和方式。此外，在学习过程中遇到问题时，学生可以通过人机交流或在线师生交流等方式进行解答和讨论。这种课前混合式教学模式可以实现全时段、全方位地学习，有助于加强学生的自我控制能力，提高学习的效率和质量。

其次，在课中混合式教学方面，教师需要根据线上线下教学的特点和优势，分别设定教学目标，并优化具体的教学内容。教师应充分利用线上教学的优势，为学生提供个性化的学习服务，同时也不能忽视线下教学的重要性。在教学过程中，教师可以融通教学元素，赋予思政理论课一定的研究性和综合性。特别需要注意的是，思政理论课具有实践性的重要特点，教师还应引导学生积极参与线下实践教学活动，充分发挥思政课的育人功能。

最后，在课后混合式教学方面，一方面，教师可以引导学生自主完成线上作业，并借助网络平台的自动批改功能对作业进行评查，以减轻教师的工作压力。另一方面，教师可以利用大数据技术对学生的线上作业情况进行评估，并根据评估数据制定下一阶段的教学目标和计划，帮助学生掌握和巩固所学知识。

（2）开展多元化的线上线下混合式教学

为了应对思想政治理论课较长的课时，教师应当开展多元化的线上线下混合式教学，以提高课堂效率和学习效果。这种多元化的教学方式能够让学生感到更加有趣和参与，同时也能减轻教师的教学负担。通过借助现代手段，教师可以丰富教学模式，例如采用案例分析、情景表演、角色扮演等方式，从而增强学生的学习体验和参与度。此外，教师还应充分利用线上教学的优势，例如融入短视频、影视音频等内容，将抽象的知识转化为直观性的感受，以此激发学生的学习

兴趣和动力，提高教学效果。

另一方面，教师还可以将虚拟现实（VR）技术应用到思政理论混合教学中，以吸引学生的参与兴趣。借助 VR 技术，可以将学习内容呈现为虚拟化的现实场景，例如革命发展史、红色革命文化等，从而丰富思政理论课的线上教学内容，提升学生的课堂体验和学习效果。此外，高校还应根据自身实际情况，打造更具优势的思政课混合式实践教学空间，以赋予思政理论课独特的价值与优势，与学生的发展与需求更加契合。为了确保教学环境与实践场所的基础性保障，高校应提供一定的资金和政策支持，便于教师有针对性地开展混合式教学，同时也要加强对教师信息技术应用能力的培养，提升教师的互联网素养，保证线上网络教学平台的多样性，以满足教学需求和提高教学质量。

（3）加强网络教学资源的运用

加强网络教学资源的运用是提高混合式思政课教学效果的重要举措。首先，教师应该着力整合思政课网络教学资源，充分利用大数据技术、虚拟信息技术和互联网信息技术等现代技术手段。混合式思政课堂的构建离不开新媒体技术和网络平台的支持，因此教师需要有效整合思政教学资源，确保教学内容的质量和导向性。尽管网络教学资源获取相对便捷，但教师在选择资源时应审慎筛选，确保所选内容有利于培养学生正确的价值观和意识形态，摒弃与社会主义核心价值观相悖的不良资源。其次，教师需要提高自身网络教学资源的运用能力。混合式思政教学强调双向互动，教师应积极参与教学过程，发挥引导者的作用，引导学生树立正确的价值观念和理想信念。通过引导和互动，教师可以提高学生的主动参与度，增强思政课程的趣味性和实效性，有助于实现教学目标。

在实践中，教师可以利用网络教学平台的各种功能，如在线讨论、作业提交和评价等，与学生进行及时互动和反馈。通过设计丰富多彩的线上教学内容和活动，如视频讲解、案例分析、互动游戏等，吸引学生的注意力，提高他们的学习积极性。同时，教师还可以借助网络资源丰富思政课的教学内容，例如引用权威文献、分享学术研究成果、提供实践案例等，以丰富思政课的内涵和广度，促进学生全面发展。

此外，教师还应关注网络教学资源的更新和维护工作，及时更新教学内容，保证其与时俱进，确保思政课教学的有效性和生态性。同时，教师还应不断提升自己的网络教学能力，参加相关培训和学习，不断提高教学水平和专业素养，以更好地应对教学挑战和需求。通过加强网络教学资源的运用，深化混合式思政课教学改革，提高教学质量和效果，促进学生思想政治素质的全面提升。

3. 优化混合式教学考核评价机制

混合式教学模式为高校思政课教师提供了丰富的数据资源，以更全面地考核和评价学生的学习表现。在考核评价机制的优化过程中，应当坚持过程性评价与总结性评价相结合的原则。这意味着思政课教师不仅需要关注学生的最终考试成绩，还要着重考查学生在整个学习过程中的参与情况、课堂表现等方面。通过线上教学网络平台收集学生的相关数据，并对学生的课堂和课后表现进行动态评价和反馈，从而全面了解学生的学习情况，消除传统考核评价方式的片面性。

第一，在考核评价过程中，教师应坚持过程性评价与总结性评价相结合的原则。过程性评价侧重于对学生在学习过程中的表现进行实时监测和反馈，以便及时调整教学策略和指导学生的学习方向。而总结性评价则是对学生在一定时期内的学习成果进行总结和评价，通常以期末考试成绩或综合评价来体现。通过综合考虑过程性评价和总结性评价的结果，教师可以更全面地了解学生的学习情况，为他们提供更有针对性地教学指导和帮助。

第二，教师还应坚持教师评价与学生自我评价相结合的原则。教师评价主要是教师根据学生在课堂上的表现和作业情况进行的评价，具有一定的客观性和专业性。而学生自我评价则是学生对自己学习情况的主观认知和反思，有助于提高学生的自我认知和学习动机。通过教师评价和学生自我评价相结合，可以更准确地了解学生的学习状态和需求，从而更好地指导学生的学习和提高教学效果。

第三，教师应引导学生进行自我评价，从而促进学生的自我认知和自主学习能力的提高。学生自我评价是学生对自己学习情况的主动反思和总结，有助于学生发现自己的学习不足和提高学习动力。通过引导学生进行自我评价，教师可以培养学生的自主学习能力和批判性思维能力，提高他们的学习效果和学习质量。

二、利用虚拟实验室和模拟场景，增强学生的实践能力和应用能力

"互联网+"背景下，高校思政教育面临着新的机遇和挑战，如何利用新媒体技术和资源，推动高校思政教育创新，是当前需要探讨和研究的重要问题。高校思政教育的场景应用是指利用新媒体技术和资源，通过模拟真实场景或情境，创造出具有教育意义和实践性的学习环境，以促进思政教育有效开展。

（一）"互联网+"背景下高校思政教育的场景应用

"互联网+"背景下，高校思政教育需要创新教学内容和方法，充分利用新媒体技术和资源，激发学生的思考和创新能力，提升思政教育教师的能力和素质，使思政教育更适应时代发展和社会需要。具体措施包括利用在线课程、微信公众号、微博话题等，为学生提供多元化的思政教育资源和互动交流的机会；推广游戏化的教学模式，激发学生的学习兴趣和创造力；场景应用的设计和实施要紧密结合实际情况，根据不同学生和教师的需求，量身定制专业的教育场景应用方案，营造出尊重和支持全体学生成长的良好氛围。

1. 虚拟仿真

利用虚拟现实或增强现实技术，创造虚拟的学习场景，使学生能够身临其境地参与其中。例如，让学生通过虚拟现实设备在历史场景中漫游，了解历史事件的重要性和影响力。虚拟仿真是"互联网+"背景下高校思政教育场景应用的重要方式之一。通过虚拟现实或增强现实技术，模拟真实的场景或体验，使学生能够身临其境地进行学习和实践，从而增强思政教育的效果和互动性。

（1）历史场景重建

利用虚拟仿真技术，高校思政教育可以实现历史场景的重建，使学生能够身临其境地参与其中。通过虚拟现实设备，学生可以体验到仿佛置身于历史事件现场的感觉，从而更深入地了解历史的发展和人物的思想。例如，学生可以通过虚拟现实设备参观古代战场，亲身感受战争的残酷和历史人物的英勇，从而更好地理解历史事件对当时社会的影响和人们的思想变迁。

虚拟仿真技术可以重建历史场景的细节，包括建筑、服饰、武器等，使学生在虚拟环境中得到更为真实地体验。例如，在学习古代文明时，学生可以通过虚拟现实设备进入古代城市，观察城市的布局和建筑风格，了解古代人民的生活方式和社会结构。这种身临其境的学习体验可以激发学生的兴趣，增强他们对历史的理解和记忆。

（2）跨文化交流培训

虚拟仿真技术可以模拟跨文化交流的场景，帮助学生了解和锻炼跨文化沟通所需的能力和思维方式。通过虚拟现实设备，学生可以参与模拟的跨文化交流活动，与来自不同文化背景的虚拟人物进行对话和互动，了解不同文化的价值观念、习惯和传统。

虚拟仿真技术可以帮助学生体验不同文化之间的差异和共通之处，增进对多元文化的理解和尊重。例如，学生可以通过虚拟现实设备参与模拟的国际会议或商务谈判，体验来自不同国家和地区的代表之间的交流和协商，从而培养自己的跨文化沟通能力和胸怀。

2. 教育游戏化

教育游戏化是利用游戏和游戏化元素来实现教育目的的一种新型教育方式。它结合了游戏的乐趣和教育的效果，可以激发学生的兴趣、提高学习的主动性和积极性，是"互联网+"背景下高校思政教育场景应用的重要手段之一。将游戏化思维和元素应用于思政教育中，设计教育游戏，可以激发学生的学习兴趣和积极性。游戏化元素包括排行榜、任务挑战、角色扮演等，通过游戏化的形式培养学生的学习能力和思政素养。具体形式包括以下几种。

（1）游戏化课堂

游戏化课堂是将游戏化元素融入思政教育的课堂环节中，以增强学生的学习积极性和参与度。通过设计具有游戏化元素的课堂活动，可以激发学生的兴趣，提高他们对思政课程的关注度。例如，教师可以在课堂中设置闯关游戏，让学生通过解答问题、参与讨论等方式来挑战关卡，以此激发学生的学习动力和竞争意识。

在游戏化课堂中，教师可以利用线上线下教育资源，设计丰富多样的游戏化活动。通过线上云课堂平台，教师可以设置虚拟的游戏关卡和任务，让学生在课堂上参与到游戏化的学习中来。同时，在线下教学环节，教师也可以设计一些实地探索或小组竞赛等活动，让学生在游戏化的氛围中学习思政知识。

（2）伦理决策游戏

伦理决策游戏是利用游戏的角色扮演和模拟情境，让学生在游戏中体验、思考并进行伦理道德决策的一种教学方式。通过游戏化的形式，可以让学生更加深入地理解伦理道德原则和决策思维。例如，教师可以设计一些伦理决策的情境，让学生在游戏中扮演不同角色，进行道德决策，并思考决策可能带来的后果和影响。

在伦理决策游戏中，教师可以设置一些挑战性的情境，让学生在游戏中面对现实生活中可能遇到的伦理难题，引导他们进行思考和讨论。通过游戏化的方式，可以帮助学生更好地理解伦理原则和道德规范，培养他们的伦理思维和判断能力。

（3）团队协作游戏

团队协作游戏是通过引入团队协作的要素，让学生在游戏中学习知识和解决问题，培养团队合作能力的一种教学方式。通过游戏化的形式，可以激发学生的团队合作意识和积极性，提高他们的团队协作能力。例如，教师可以设计一些需要团队合作才能完成的任务，让学生在小组中共同解决问题，培养他们的团队协作精神和沟通能力。

在团队协作游戏中，教师可以设置一些具有挑战性的任务和关卡，让学生在游戏中充分发挥团队合作的力量，共同解决问题。通过游戏化的方式，可以培养学生的团队精神和协作能力，提高他们的团队合作效率和执行力。

3. 多媒体互动

多媒体互动是"互联网+"背景下高校思政教育场景应用的重要方式之一。它利用音频、视频、图像等多媒体形式，将信息、知识以及情感体验传递给学生，增强思政教育的效果和互动性。利用多媒体技术，结合音视频、图片、动画等元素，创造丰富的学习资源和互动环境。例如，利用在线教育平台、教育软件等工具，可为学生提供多样化的学习材料和互动交流的机会。

（1）多媒体教材

多媒体教材的设计是利用音频、视频、图像等多媒体形式，将教育内容以更生动、形象的方式呈现给学生，从而增强他们的学习效果和理解深度。通过多媒体教材，学生可以在视听、触觉等多种感官上获得信息输入，有助于提高学习的吸收力和记忆力。例如，教师可以利用视频来展示历史事件的重要场景，通过图像来呈现重要思想人物的形象，通过音频来传达重要概念的解释，从而使学生对课程内容有更加直观和深入地理解。

多媒体教材的优势在于其形式丰富、内容多样化，能够满足不同学生的学习需求和学习风格。通过多媒体教材，教师可以根据学生的实际情况和兴趣爱好，设计更加贴近学生生活、更具吸引力的教学内容，从而提高学生的学习积极性和参与度。同时，多媒体教材也为学生提供了更加自主、灵活的学习方式，可以根据个体差异进行个性化学习，提高学习效率和成果。

（2）在线课程

在线课程是利用互联网技术，将思政教育内容进行线上传播和教学，通过多媒体技术进行课堂互动，提高在线教育的质量和效果。在线课程可以突破时间和空间的限制，使学生无须受到地域和时间的束缚，随时随地都可以进行学习。通过多媒体技术，教师可以设计丰富多彩的教学内容和互动形式，如在线讨论、视频直播、在线测验等，从而增强学生的学习体验和参与度。

在线课程的开展对于提高高校思政教育的普及率和覆盖面具有重要意义。通过在线课程，可以使思政教育内容更加广泛地传播到全国各地的学生群体中，促进思政教育的全面发展。同时，在线课程还可以为学生提供更加丰富和便捷的学习资源，为其提供更广阔的学习平台，从而促进学生的全方位发展和素质提升。

（3）实践教学

实践教学是通过多媒体技术，为学生提供更加真实、丰富的实践学习体验。通过在线游戏、模拟活动等形式，让学生在虚拟环境中进行实践活动，从而增强学生对知识的理解和运用能力。例如，教师可以设计一些具有挑战性和真实性的实践活动，让学生在游戏化的环境中进行模拟操作，从而加深对课程内容的理解和记忆。

实践教学的开展可以为学生提供更加直观和深入地学习体验，有助于激发学生的学习兴趣和积极性。通过多媒体技术，教师可以创造丰富多样的实践场景，让学生在虚拟环境中进行真实感的体验和实践，从而提高他们的学习效果和实践能力。

4.社交媒体应用

"互联网+"背景下，社交媒体应用成为高校思政教育的重要平台之一，它通过社交媒体的特性和互动性，将思政教育内容与学生日常生活紧密结合，实现信息传播和互动交流。利用微博、微信、论坛等社交媒体平台，实现学生与教师、学生与学生之间的互动与交流。通过社交媒体，学生们可以分享学习心得、讨论问题、互相学习和实现思想碰撞，推动思政教育的深入开展。

（1）微博和微信公众号

微博和微信公众号作为广泛应用的社交媒体平台，为高校思政教育提供了重要的传播渠道。高校可以在这些平台上建立官方账号，发布与思政教育相关的内容，包括学术讲座、公益活动、优秀学生事迹等。通过定期更新和发布内容，可以吸引学生关注和参与讨论，促进思政教育内容与学生生活的融合。例如，学校可以在微信公众号上发布思政课程的教学资料和学习指南，以及与思政相关的新闻事件和热点话题，引导学生关注社会时事，增强他们的社会责任感和公民意识。

在微博和微信公众号上，高校还可以开展线上互动活动，如问答、投票、抽奖等，吸引学生参与和互动。通过这些互动活动，可以拉近学生与教师、学生与学生之间的距离，促进彼此之间的交流与沟通。例如，学校可以定期组织思政知识竞赛或讨论活动，在微博和微信上发布相关题目，让学生参与答题或发表观点，从而增强学生对思政教育内容的理解和掌握。

（2）视频分享平台

视频分享平台如 YouTube、bilibili 等，提供了丰富多样的视频内容，为高校思政教育提供了另一种重要的传播平台。高校可以利用这些平台制作和分享与思政教育相关的视频内容，如学术讲座录播、思政主题短片、优秀学生演讲等。通过视频的形式，可以生动形象地展现思政教育的核心理念和教育目标，吸引学生的注意力和兴趣。同时，视频分享平台还提供了评论和互动功能，学生可以自由发表观点和评论，与其他观众进行交流和讨论，从而增强学生之间的互动与交流。

在视频分享平台上，高校可以定期发布与思政教育相关的专题视频，如社会主义核心价值观宣传片、优秀学生思政演讲录播等，以及与时事热点相关的思政解读视频。通过这些视频内容，可以引导学生关注国家政策、社会现象和时事热点，增强他们的社会责任感和公民意识。同时，学校还可以根据学生的反馈和需求，不断改进和完善视频内容，提高其吸引力和影响力。

（二）"互联网+"背景下高校思政教育场景应用可能出现的问题

"互联网+"背景下高校思政教育场景应用的发展，虽然提供了许多机会和便利，但也可能出现一些问题。

1. 知识碎片化

（1）社交媒体信息的碎片化

社交媒体平台上的信息呈现通常以短文本、图片或视频的形式，内容简洁、直观，但往往缺乏系统性和深度。学生在浏览社交媒体时，往往只能接触到知识的表面信息，难以进行系统性地学习和深入地思考。

（2）学习的表层化倾向

由于社交媒体的碎片化特点，学生可能更倾向于获取、传递和接受表面化的知识，而忽视对知识的系统理解和深入思考。这种表层化的学习倾向可能影响学生的学术素养和批判性思维能力的培养。

（3）解决方案

针对知识碎片化问题，高校可以通过加强课程设计和教学方法的改进，引导学生从碎片化信息中获取启发，激发他们进一步深入学习的兴趣。教师可以设计相关任务和讨论，帮助学生将碎片化的信息整合为系统性的知识结构，培养学生的综合分析能力和批判性思维能力。

2.过度依赖社交媒体

（1）社交媒体作为信息获取主要渠道

随着社交媒体的普及和发展，学生可能过度依赖这些平台获取信息和进行交流。他们可能更愿意在社交媒体上进行思政教育的学习和讨论，而忽视传统课堂教学的重要性。

（2）传统课堂教学的弱化

过度依赖社交媒体可能导致学生在传统课堂上的参与度下降，影响到教师对学生的直接指导和教学效果的实现。

（3）解决方案

高校可以通过合理规划和整合线上线下教学资源，促进传统课堂教学和社交媒体教学的有机结合。教师可以利用社交媒体平台提前布置学习任务、组织学生讨论，然后在课堂上深入展开相关话题，引导学生深入思考和讨论。此外，高校还可以加强对学生的思政教育理念和方法的宣传，引导学生理解和认识传统课堂教学的重要性，培养他们的学习自觉性和主动性。

3.过度游戏化

（1）游戏化教育的过度追求娱乐性

在游戏化教育中，过度追求游戏元素的娱乐性，可能导致教育目标和内容的淡化，学生只关注游戏的乐趣，而忽视了学习的实质。

（2）学生学习动机的转移

如果游戏化教育过度强调竞争和奖励机制，可能导致学生的学习动机转移，只为了获得游戏中的奖励而参与学习，而非出于对知识的真正兴趣和需求。

（3）解决方案

高校应在设计游戏化教育场景时，注重教育的深度和思考性，确保游戏元素与教育目标的有机结合。教师在引导学生参与游戏化教育活动时，应重视学生的学习过程和思考能力的培养，引导他们从游戏中获取知识和经验，并将其应用到实际生活和学习中。

第五章 基于"互联网+"的高校思政教学模式构建

第一节 教学内容的优化与整合

一、"互联网+"时代特点下的教学内容优化

（一）引导学生关注当下社会热点话题

1. 把握时事热点，引导学生深入思考

在"互联网+"时代，社会变革和科技发展日新月异，社会热点话题层出不穷。教师应当密切关注时事动态，及时发现和把握与思政教育相关的热点话题，如环保、社会公平、科技创新等。通过结合社交媒体、网络新闻等资源，引导学生深入分析和解析当今社会重要议题，促使其对社会现象有更深刻地理解和思考。

2. 提供多视角的信息资源

除了引导学生关注社会热点话题外，教师还应该提供多视角的信息资源，让学生能够从不同的角度去审视和思考问题。通过引导学生阅读不同媒体和来源的报道、评论，了解各方观点和立场，培养其辨别信息真伪和思辨能力，从而更全面地理解和评价当下社会问题。

3. 组织讨论和辩论活动

为了增强学生对当下社会热点话题的关注和参与度，教师可以组织讨论和辩论活动。通过分组讨论、角色扮演等形式，让学生就特定话题展开辩论，激发他们的思维火花，培养他们的逻辑思维和口头表达能力。同时，这也为学生提供了一个展示自己观点和与他人交流的平台，促进了思政教育的实践性和互动性。

（二）利用互联网资源拓展教学内容

1.引导学生主动利用在线课程资源

在"互联网+"时代，教师可以利用在线课程资源丰富思政教育的内容。通过推荐学生参与公开课、网络讲座等线上学习活动，拓宽学生的学习渠道和视野。同时，教师还可以精心策划线上学习任务，让学生根据自己的兴趣和需求选择相应的课程内容，实现个性化学习和自主探索。

2.利用数字图书馆等资源丰富学习资料

除了在线课程外，教师还可以引导学生利用数字图书馆等资源，获取丰富多样的学习资料。通过指导学生搜索、筛选和阅读相关文献和资料，培养其信息获取和分析能力，提高其学术研究和阅读能力。同时，教师也可以根据学生的学习需求和兴趣推荐适合的电子书籍、学术期刊等资源，拓宽其知识面和视野。

3.组织线上学习和讨论活动

为了更好地利用互联网资源拓展教学内容，教师可以组织线上学习和讨论活动。通过搭建在线学习平台或利用现有的网络社区，教师可以与学生进行实时互动，分享学习资源，讨论课程内容，解答疑问，促进学生之间的交流与合作。这不仅能够增加学生的学习参与度和满足感，还能够提高教学效果和学习效率。

（三）鼓励学生参与社会实践和互动

1.组织社会实践和调研活动

思政教育的本质在于贴近社会、贴近生活，因此教师应当鼓励学生参与社会实践和调研活动。通过组织社会实践和调研活动，学生能够深入社会，了解社会问题的真实情况，增强社会责任感和使命感。教师可以安排学生到社区、企业、非政府组织等地方开展实地调研，参与志愿服务活动，了解社会热点问题的具体表现和解决方法。同时，教师还可以引导学生利用互联网平台开展在线调查和问卷调查，收集社会民意和舆论，为课堂讨论和研究提供数据支撑。

2.利用社交媒体开展线上讨论和互动

在"互联网+"时代，社交媒体已经成为人们交流和互动的重要平台。教师可以利用社交媒体开展线上讨论和互动，为学生提供一个自由、开放的交流空间。通过创建微信群、微博话题等形式，教师可以与学生进行实时互动，分享学习资源，讨论课程内容，解答疑问，促进学生之间的交流与合作。这不仅能够增加学生的学习参与度和满足感，还能够拓展思政教育的社会影响力和传播范围。

3. 开展网络论坛和讲座活动

为了进一步鼓励学生参与社会实践和互动，教师可以组织网络论坛和讲座活动。通过邀请专家学者、行业精英等人士进行在线讲座和互动交流，为学生提供学术研究和职业发展的指导和启示。同时，教师还可以组织学生自主策划、组织的网络论坛，让他们就感兴趣的话题展开讨论和交流，培养其组织能力和领导能力。

二、整合跨学科知识拓展教育广度和深度

（一）跨学科整合促进思政教育的多元发展

1. 打破学科界限，拓宽思政教育视野

在"互联网+"时代，思政教育不应受限于单一学科，而是需要跨越学科界限，积极整合相关学科的知识，以拓展教育的广度和深度。教师应引入哲学、经济学、社会学等相关学科的理论，与政治理论相互交融，为学生提供更为丰富多元的学习体验。

2. 借鉴跨学科研究方法，提升思政教育水平

跨学科整合不仅意味着知识的融合，还包括方法论的借鉴。教师可以借鉴跨学科研究方法，如综合分析、交叉比较、跨领域思维等，来解决复杂的社会问题和理论挑战。通过培养学生的跨学科思维能力，使其能够从不同学科的视角去理解和解决问题，提升思政教育的水平和质量。

（二）多学科融合促进学生综合素养的提升

1. 引导学生从多学科角度审视社会问题

通过多学科融合，教师可以引导学生从多个学科的角度去审视社会问题，加深其对问题本质的理解。例如，在讨论环境问题时，可以结合地理学、生态学、经济学等学科知识，全面分析环境问题的成因和影响，培养学生的综合分析能力。

2. 开展跨学科课题研究，培养学生研究能力

为了促进学生综合素养的提升，教师可以开展跨学科课题研究，让学生从跨学科的角度去深入探讨和解决实际问题。通过组织学生参与科研项目、撰写科研论文等形式，培养其科学研究和学术写作能力，提升其综合素养和竞争力。

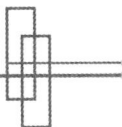

（三）开展跨学科项目式教学

1.组织跨学科项目团队，培养学生团队合作能力

跨学科项目式教学是一种促进学生跨学科思维和创新能力的有效方式。教师可以组织跨学科项目团队，让不同专业背景的学生共同合作，共同解决实际问题。通过团队合作，学生不仅能够互相学习和借鉴，还能够培养其团队合作和沟通协作能力。

2.引导学生从多学科角度分析和解决问题

在跨学科项目式教学中，教师应当引导学生从多学科角度分析和解决问题。通过指导学生综合运用不同学科的知识和方法，深入分析问题的各个方面，并提出综合性的解决方案。例如，在一个跨学科项目中，学生可以结合经济学、社会学和政治学等多个学科的理论，分析某一社会问题的根源、影响因素及可能的解决途径，从而培养学生的跨学科思维和综合分析能力。

三、引入多媒体技术丰富教学内容表现形式

（一）多媒体技术的应用提升教学效果

1.利用视频形式呈现教学内容

在当今"互联网+"时代，教学视频已成为教学中不可或缺的重要工具之一。通过制作教学视频，教师得以将抽象的理论知识以生动形象的方式展现给学生，从而提升教学效果。这种形式的教学资源具有许多优势，其中包括但不限于展示实地案例、模拟实验、专家讲解等内容，帮助学生更直观地理解和记忆知识点。

在教学视频中，教师可以通过展示真实的案例或场景，将抽象的理论知识联系到实际生活中。例如，在政治理论课程中，教师可以通过展示历史上的政治事件或社会运动，来说明不同思想家的观点如何在实践中得到体现，从而帮助学生更好地理解和把握政治理论的实际应用。这种方式使得学生能够将所学的理论知识与实际情境相联系，从而提高了他们的学习兴趣和参与度。

一方面，教学视频还可以模拟实验过程，帮助学生更直观地理解抽象的概念和理论。通过视频技术，教师可以展示科学实验或操作过程，向学生展示不同因素之间的关系和作用。例如，在化学或物理课程中，教师可以通过视频展示实验室中的化学反应或物理现象，让学生通过视觉感受实验过程中的变化和规律，从

而加深他们对科学原理的理解和记忆。

另一方面，教学视频还可以邀请专家或权威人士进行讲解，提供权威的学术观点和解释。专家讲解的视频内容通常具有丰富的知识和深度的分析，可以帮助学生更系统地理解和掌握知识。例如，在历史学科中，教师可以邀请历史学家或研究者对历史事件进行解读和分析，向学生介绍相关的背景和意义，从而拓展了学生对历史知识的认识和理解。

2. 运用动画图解概念解析

动画作为一种多媒体形式，在教学中发挥着重要的作用。除了视频，动画也是一种非常有效的方式，可以帮助学生理解复杂的概念和过程。教师可以利用各种动画软件或在线动画工具，制作图解概念的动画，从而将抽象的概念变得更加形象和易于理解。

举例来说，在教授社会学概念时，动画可以用来演示社会结构的变化。社会结构是社会科学中的重要概念，涉及社会成员之间的关系、地位和角色等方面。然而，这些概念对于学生来说往往比较抽象，难以直观理解。通过制作动画，教师可以将不同社会成员之间的关系和地位用图形化的方式展现出来，使学生能够更加直观地理解社会结构的演变过程。

在动画中，教师可以运用各种视觉元素和效果，如图形、颜色、运动等，来突出重点和展示概念之间的关联。例如，可以通过不同颜色的图形代表不同社会群体，通过运动的方式展示其在社会结构中的变化和演化过程。同时，教师还可以配以解说词或文字说明，进一步强调关键概念和逻辑关系，帮助学生更清晰地理解动画内容。

动画还具有很强的可重复性和灵活性。教师可以根据不同的教学目标和学生群体的特点，设计和制作不同风格和风貌的动画，以满足不同学生的学习需求。例如，针对初学者，可以制作简单明了的动画，突出基本概念和关键信息；而对于高年级或专业学生，可以制作更加复杂和深入的动画，涉及更多的细节和深层次的分析。

3. 结合音频讲述故事增强情感共鸣

音频作为一种重要的教学资源，在教学中扮演着不可或缺的角色。通过讲述故事、播放音乐等方式，教师可以有效地增强学生的情感共鸣，激发他们的学习兴趣和参与度。特别是在历史课程中，音频的运用可以让历史事件更加生动真实，让学生更加身临其境，感受历史的魅力。

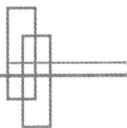

第一，通过音频讲述历史故事可以让学生更加深入地理解历史事件的背景和内涵。历史是由无数个生动的故事构成的，这些故事蕴含着丰富的情感和人性，通过音频的形式呈现，可以让学生更加直观地感受到历史事件的意义和影响。例如，教师可以通过讲述一位历史人物的故事，或是描述一个重要的历史事件的经过，让学生通过听觉感受历史的沉浸式体验，从而更加深入地理解历史的发展脉络。

第二，音频可以配以背景音乐或音效，营造出氛围感，吸引学生的注意力。背景音乐和音效的选择需要考虑到教学内容的特点和情感表达的需要，通过合适的音乐和音效，可以让学生更加专注地倾听，进而更好地理解和记忆所学知识。例如，在讲授某一历史时期的故事时，教师可以选择与该时期相关的音乐或音效，营造出逼真的历史场景，使学生仿佛置身于历史的洪流之中，增强情感共鸣和身临其境的感受。

第三，音频还可以帮助学生培养听觉感知和理解能力。通过听力训练，学生可以提高听力辨别和理解能力，从而更好地应对各种听力材料和听力考试。同时，音频也可以激发学生对音乐和声音的兴趣，促进他们的审美情趣和艺术修养，丰富其文化生活和精神世界。

（二）互动式教学平台促进学生参与反馈

1.设计在线课堂互动活动

利用互动式教学平台设计在线课堂互动活动是提升教学效果的重要手段之一。这些活动可以包括问答游戏、小组讨论、在线投票、案例分析等形式，通过促进学生的参与和反馈，激发学生的学习兴趣，增加课堂的活跃度，同时也为教师提供了及时了解学生学习情况和困惑的途径，为学生提供个性化的学习支持。

一种常见的在线课堂互动活动是问答游戏。教师可以在互动式教学平台上设置问答环节，提出与课程内容相关的问题，让学生通过快速回答来检验自己的理解程度。这种形式的活动不仅能够激发学生的学习兴趣，增加他们对课程内容的关注度，还能够促进学生之间的竞争与合作，提高学习效果。

另一种常见的互动活动是小组讨论。教师可以将学生分成小组，要求他们在指定的时间内讨论某个课题或问题，并在互动平台上提交他们的讨论结果。通过小组讨论，学生可以充分发挥团队合作和交流能力，共同探讨问题、分享观点，促进彼此之间的学习和思考。教师可以在讨论结束后对学生的表现进行评价和指导，帮助他们更好地理解和应用课程内容。

此外，还可以设计在线投票活动，让学生对某些问题或观点进行投票表决。通过投票活动，可以了解学生对某些议题的看法和倾向，为教师提供更多的反馈信息，从而调整教学策略，更好地满足学生的学习需求。

除了上述形式的互动活动，还可以引入案例分析、实践探究等更具深度和实践性的教学活动。例如，教师可以在互动平台上分享真实案例，让学生分析和讨论，从中获取经验和启示。这种形式的活动能够帮助学生将理论知识与实际问题相结合，提高他们的实践能力和问题解决能力。

2. 实时互动与教师学生互动

互动式教学平台的实时互动功能为教师和学生之间的交流提供了便利，从而有效提高了教学效果。通过这种平台，教师可以在课堂上实时提问学生，引导他们思考和表达观点，促进思维的碰撞和交流。同时，学生也可以利用在线反馈功能，及时提出问题和意见，与教师进行互动和沟通，形成良好的师生互动关系。

教师通过互动式教学平台可以实现对学生的实时提问。这种提问不仅可以检验学生对课程内容的理解程度，还可以激发学生思考和表达的能力。例如，在讲解某个重要概念或理论时，教师可以随时提出相关问题，要求学生通过平台上的文字回答或语音回答进行互动。这种实时提问的形式可以有效地引导学生思考，促使他们积极参与课堂，从而更好地理解和掌握所学知识。

同时，学生也可以通过互动式教学平台的在线反馈功能，及时提出问题和意见。在课堂上，学生可能会有各种疑惑和困惑，通过在线反馈，他们可以直接向教师提出问题，获得及时的解答和指导。这种及时的互动和沟通有助于解决学生的问题，提高学习效率，同时也能够增强师生之间的互信和互动关系。

此外，互动式教学平台还可以提供实时的学生表现反馈。通过在线测试、投票、讨论等功能，教师可以随时了解学生对课程内容的理解情况和学习进度。根据学生的反馈情况，教师可以及时调整教学策略，针对性地进行教学，提高教学效果。

3. 个性化学习路径的设置

互动式教学平台的个性化学习路径设置是一种针对学生个体差异的教学模式，能够根据学生的学习情况和需求，为其量身定制适合的学习方案，从而提高学习效率和学习成绩，增强学生的学习主动性和自律性。

第一，个性化学习路径可以根据学生的学习水平来进行设置。在教学平台上，教师可以根据学生的学习成绩、能力水平和学习历史等信息，为其制定相应的学习计划。对于学习成绩较好的学生，可以设置更深入、更具挑战性的学习内容，以激发其学习的兴趣和动力；而对于学习成绩较差或存在学习困难的学生，则可以设置更基础、更易理解的学习内容，以帮助他们渐进式地提高学习水平。

第二，个性化学习路径也可以根据学生的兴趣和特长来进行设置。教师可以根据学生的兴趣爱好和职业规划，为其推荐相关的学习资源和活动，引导其选择适合自己的学习方向。例如，对于对艺术感兴趣的学生，可以推荐相关的艺术课程或艺术创作活动；对于对科学技术感兴趣的学生，则可以推荐相关的科技竞赛或实验研究项目，从而激发其学习的热情和动力。

第三，个性化学习路径还可以根据学生的学习习惯和学习节奏进行设置。有些学生可能更适应于自主学习和独立思考，而有些学生则更适应于合作学习和集体讨论。因此，教师可以根据学生的学习特点，为其提供相应的学习资源和学习活动，以满足其不同的学习需求。例如，对于习惯于独立学习的学生，可以提供更多的自主学习任务和个性化学习项目；对于习惯于合作学习的学生，则可以组织更多的小组合作活动和团队项目，促进彼此之间的交流与合作。

第二节 教学方法的创新与应用

一、探索以学生为主体的教学方法

（一）案例教学的运用

1. 案例选择与设计

教师可以精心挑选或设计一些真实或虚构的案例，涉及当下社会、政治、文化等方面的重要问题。这些案例应当具有代表性、针对性和启发性，能够引起学生的兴趣和思考。例如，可以选择一些社会热点事件或历史经典案例，或者设计一些与学生生活密切相关的情境案例。

2. 案例分析与讨论

学生在课堂上进行案例分析和讨论，通过对案例的细致剖析，探讨其中涉及的思政问题、价值观念、伦理道德等方面的内容。教师可以引导学生从多个角度思考案例，讨论其中的利弊、原因、解决方案等，培养其批判性思维和问题解决能力。

3. 案例应用与反思

学生除了分析案例本身，还可以探讨如何将案例中的经验教训应用到实际生活中，反思自己的行为和价值取向。教师可以引导学生从案例中汲取教训，思考自身的行为举止、社会责任和道德底线，促进其成长和自我完善。

（二）问题导向学习的实践

1. 问题提出与引导

教师可以提出具有挑战性和引导性的问题，涉及社会、政治、文化等多个领域的重要议题。这些问题应当具有启发性，能够引发学生的思考和探索欲望。例如，可以提出关于社会公平、环境保护、科技发展等方面的问题，让学生思考其中的价值取向和解决途径。

2. 学生自主探索与合作讨论

学生在教师的引导下，自主进行问题探索和合作讨论。他们可以通过查阅资料、讨论交流等方式，寻找问题的答案和解决方法。教师可以在此过程中起到指导和引导的作用，促进学生的思维碰撞和观点交流。

3. 问题解决与成果展示

学生在探索和讨论的过程中，逐渐找到问题的解决思路和方案，并形成结论或成果。他们可以将成果通过报告、展示、论文等形式呈现出来，与同学分享和交流。这不仅有助于学生巩固所学知识，还可以培养其表达能力和团队合作精神。

二、利用互联网平台开展线上教学活动

随着互联网技术的发展，教师可以利用网络直播平台开展线上教学活动，例如在线讲座、研讨会等。学生可以通过网络直播参与教学活动，不受地域和时间的限制，实现跨地域、跨时空的学习交流。同时，利用在线讨论平台，学生可以就课程内容展开讨论，分享观点和经验，加深对思政问题的理解和思考。

（一）网络直播具备的特征

网络直播作为当前时代基于互联网技术出现的主要新媒体形式之一，具有其独有的特征，其中，最重要的特征有两种：第一种是在使用方面的便捷性和高效性，第二种则是资源的丰富性和广泛性。这两种特征是网络直播能够获取大部分

用户的关键。

1.使用的便捷性和高效性方面

网络直播平台的兴起和普及，依托于互联网技术的快速发展，为用户提供了便捷性和高效性的使用体验。各大直播平台如虎牙、斗鱼等，通过电子设备终端的软件制作，使得用户可以快速地使用网络直播技术，实现实时的视频传输和互动。当前，网络直播已经不再局限于单一的表演和互动，而是逐渐转化为以带货、购物为主的直播形式，成为重要的销售渠道和经济收入来源。

网络直播的便捷性体现在多个方面。首先，用户可以通过各种电子设备终端，如手机、平板电脑、电脑等，随时随地进行网络直播观看和参与。这种随时随地的特性，使得用户不再受限于地理位置和时间，极大地方便了用户的使用。其次，网络直播提供了丰富多样的内容，涵盖了娱乐、教育、购物等各个领域，满足了不同用户群体的需求，使得用户可以根据自己的兴趣和需求选择观看内容，增加了用户的选择性和满意度。

在经济方面，网络直播已经成为许多企业的重要销售渠道之一。通过网络直播平台，企业可以展示自己的产品和服务，吸引用户的关注和购买，实现销售业绩的提升。许多主播通过网络直播实现了经济收入，成为新兴的职业方式之一。此外，网络直播也为线下商家提供了线上销售的机会，实现了线上线下销售的有机结合，促进了商业的发展和转型。

2.资源的丰富性和广泛性

网络直播平台的兴起不仅仅为用户提供了娱乐和购物的平台，同时也为有表现自己、创造事业愿望的人群提供了巨大的发展空间。许多人在网络直播平台上通过表演、展示自己的才艺，或者分享知识、创造文化价值，为网络直播资源的丰富性注入了新鲜的活力。这些个体用户的贡献，使得网络直播平台所具备的资源已经远远超过了任何单一渠道所拥有的资源。

通过众多用户的共同构建，当前网络直播平台所具备的资源类别非常广泛，涵盖了娱乐、经济、教育、人文、政治等各个领域。在娱乐方面，网络直播提供了丰富多样的节目和内容，包括音乐、舞蹈、游戏、体育等，满足了用户的娱乐需求。在经济方面，网络直播已成为许多企业的重要销售渠道，通过直播平台展示产品、吸引消费者、促进销售。在教育方面，许多用户通过网络直播分享知识、讲授技能，为广大观众提供了丰富的学习资源和学习机会。在人文和政治方面，网络直播也为公众提供了表达意见、关注时事的平台，促进了信息传播和民意表达。

高校作为教育行业的重要组成力量，对于社会新事物的接收和利用都应走在教育领域的前列。因此，通过网络直播丰富教育教学资源的利用成为高校培育人才、发展自身教育事业的重要课题。高校可以利用网络直播平台，邀请专家学者进行在线讲座、学术交流，为学生提供更广泛的学习资源和机会。同时，高校还可以借助网络直播平台开设在线课程、举办学术研讨会，推动教育教学的创新和发展。

（二）高校思政教育中应用网络直播的重要作用

1. 提高学生关注度和接受度

当代学生作为网生代，对互联网的接受程度极高。他们在日常生活中已经习惯了互联网带来的便利和高效，对网络直播的接受程度也相对较高。然而，传统的高校思政教育模式往往较为单一，教育形式比较死板，导致学生的认可度和接受度不尽如人意。在这样的背景下，利用网络直播技术开展高校思政教育工作可以借助网络直播技术在学生群体中的接受度，提高思政教育教学工作的质量和效率。

网络直播技术对学生整体价值观的形成具有重要作用。通过网络直播平台开展高校思政教育，能够改变传统枯燥的教学方式，有效引起学生的兴趣。一些高校已经开展了利用网络直播平台对学生进行思政教育的试验，发现这种方式具有出乎意料的效果：学生对参与其中表现出极大的兴趣，并且能够自主参与到高校思政教育工作的改进和建设中。网络直播中学生的活跃度大幅提升，强化了学生在思政教育工作中的互动程度和参与度，从而明显改善了高校思政教育工作的质量，提高了思政教育的效率。

通过网络直播平台开展高校思政教育还能够实现更广泛地参与和互动。学生可以在网络直播平台上就课程内容展开讨论，分享观点和经验，与教师和同学进行交流。这种参与度的提高有助于学生更深入地理解思政教育内容，增强思政教育的实效性。

2. 扩充高校思政教育资源

传统的高校思政教育工作通常依赖于大学思政课程，然而，这类课程往往由于不涉及学生的专业知识而缺乏吸引力，导致学生对其缺乏重视。这种现象的根本原因之一在于高校思政教育教学资源的单一和匮乏，无法激发学生的关注度和参与度，也难以引发学生对思政教育的热情。然而，随着网络直播教学形式的出现，高校思政教育得到了新的发展机遇。

网络直播资源的丰富性和多样性为高校思政教育提供了新的空间。网络直播平台上的内容形式多种多样，从知识科普到时事热点、从文化艺术到生活娱乐，无所不包。这种多样性不仅能够满足不同学生的兴趣需求，还能够更好地贴近学生的生活实际，使思政教育更具针对性和生活化。高校思政教育可以利用网络直播资源，构建丰富多彩的教学内容，吸引学生的学习兴趣和参与度。

另外，网络直播资源的更新速度也非常快，能够及时反映社会最新的热点和问题。高校思政教育可以借助网络直播平台，及时引入最新的思政教育内容，紧跟时代潮流，使思政教育更加贴近学生的认知和需求。通过与时俱进的思政教育内容，可以有效提升学生对思政教育的接受度和认同感。

高校在利用网络直播资源开展思政教育工作时，需要对不同的资源进行监督和鉴别，选取符合思政教育目标的内容。这意味着需要确保网络直播内容的准确性、客观性和教育性，避免出现低俗、虚假或不良信息。只有确保内容质量，才能够真正丰富大学生思政教育的题材，提升教育效果。

3. 完善创新高校思政教育教学方式

当代大学生的学习方式和学习需求不断发生变化，他们更加倾向于接受新事物，对于传统的教学方式产生了一定的抵触情绪。尤其是在高校思政教育领域，传统的教学形式往往呈现出枯燥乏味的特点，难以引起学生的兴趣和参与度。因此，创新高校思政教育教学方式成为当前教育领域亟待解决的问题之一。

了解学生的学习方式和兴趣是创新思政教育教学方式的第一步。当代大学生倾向于多样化、个性化的学习方式，例如喜欢通过观看视频、参与讨论、互动交流等形式获取知识。因此，高校需要通过调查研究学生的学习偏好，根据实际情况调整思政教育的教学方式和内容，使之更符合学生的学习需求。

改变传统的思政教育形式是创新教学方式的关键之一。传统的思政课程往往采取讲授式教学，教师主导教学过程，学生被动接受知识。而现代教育理念强调学生的主体地位，倡导以学生为中心的教学模式。因此，高校可以通过引入案例教学、问题导向学习、小组讨论等活动，让学生参与到思政教育中来，积极主动地探索和学习。

构建新时代背景下的教育教学方式需要与时俱进。当前，"互联网+"时代已经成为大势所趋，网络直播作为一种新兴的教学形式，具有很大的潜力。高校可以利用网络直播平台开展思政教育教学活动，将枯燥的思政理论转化为生动有趣的教学内容，吸引学生的关注和参与。

提升学生的思政教育质量是创新教学方式的根本目标。通过创新教学方式，高校可以激发学生的学习兴趣，增强他们的思政教育认同感和归属感。只有提升思政教育的质量，才能够更好地引导学生树立正确的人生观和价值观，培养德智体美劳全面发展的社会主义建设者和接班人。

（三）网络直播助力高校思政教育的内容

在利用网络直播助力高校思政教育工作的过程中。

首先，通过网络直播引导高校大学生的思想。当今社会，随着全球化和文化多元化的不断深入，各国之间的文化交流变得日益频繁，大学生作为接受新思想、新事物最广泛的群体之一，其思想观念正处于成型的关键时期。然而，面对来自不同文化的冲击，以及网络上各种信息和文化的混杂，部分大学生的思辨能力相对较弱，容易受到不良外来思想文化的侵蚀，影响其正确的"三观"建立。因此，高校思政教育工作的根本目的是培养出符合社会前进发展方向、满足我国社会主义核心价值观的、思想积极向上的大学生。在这一背景下，利用网络直播平台的优势，引导大学生关注正确的思想观念至关重要。网络直播可以通过各种形式的节目和活动，潜移默化地加强学生正确价值观和人生观的培养，帮助他们建立积极向上的思想观念。

其次，高校可以通过网络直播进行日常教育和管理。如今，网络直播已不仅是一种展示的工具，更是一种社交和互动的媒介。作为一种重要的社交工具，网络直播大大提高了学生之间信息交流的频率。在这一背景下，高校可以利用网络直播技术完善日常教育和管理平台建设，提升学生对学校管理制度的了解和认同。通过网络直播，学校可以向学生展示校园生活、学习资源、教学活动等方面的信息，增强学生对学校的归属感和认同感。同时，在思政教育工作中，网络直播的形式还能让学生了解自身出现的问题及其原因，并能够通过优秀学生的引领和带头作用，加强学生对思政教育的参与度和认可度，从而提高高校思政教育工作的质量和效率。

最后，网络直播还能为高校思政教育的内容提供更多的可能性和丰富性。通过网络直播，高校可以引入更多元化、更具吸引力的内容形式，例如专题讲座、文化活动、学术研讨等，丰富思政教育的形式和内容，激发学生的学习兴趣和参与热情。此外，网络直播还可以将高校思政教育的内容与当前社会热点、时事政策相结合，引导学生关注国家发展、社会进步等重大议题，促进学生思想的开阔和深化。通过不断创新网络直播的形式和内容，高校思政教育工作能够更好地适应时代发展的需要，为学生提供更加丰富和多样化的教育资源，提升思政教育工作的影响力和感染力。

三、借助智能化工具个性化定制学习路径

借助智能化学习系统，教师可以根据学生的个性化需求和学习情况，为其量身定制学习路径和教学内容。通过学生的学习历史、兴趣爱好、学习习惯等数据分析，智能化系统可以为每个学生设计个性化的学习计划，并推荐相应的学习资源和活动。这种个性化定制的学习路径能够更好地满足学生的学习需求，提高学习效率和学习成果。

（一）智能化思政：高校思政课教学的创新形态

1. 智能化思政的进化

在智能化时代，高校思政课程正在经历一场革命性的变革，这便是智能化思政的崛起。智能化思政（AI-Ideo）是指高校思政课在智能化趋势下，通过智能化技术进行"智能制造"，从而创造出一种全新的教育形态。它是人工智能时代思想政治教育现代化的必然逻辑，是传统思政课程经过技术革新后形成的新模式。这种进化过程经历了从传统思政到网络思政再到智能化思政的演变。

传统思政课程是指在互联网尚未普及的时代，完全由人工操作（即教师教学）的思政课教学模式。而网络思政则是指进入21世纪后，随着互联网的普及，出现了以网络教学（机器教学）辅助人工操作的思政课教学模式。相对于传统思政和网络思政，智能化思政则在二者的基础上，将人工智能的理念、技术和方法不断融入思政课教学过程，使得思政课具备了更高的智能化和自动化水平。这种模式的创新旨在提升思政课的服务能力和学习体验，让学生能够获得更加智慧化的教学体验。

尽管目前，高校智能化思政还处于初步研发和应用探索的阶段，但是互联网、大数据以及虚拟现实等新技术已经开始在高等教育和高校思政课教学中得到广泛应用。智能化思政作为一种新的教学模式，正逐渐展现出其独特的优势和潜力。近年来，智慧课堂、智慧教学等智能化技术在高校思政课程中的应用，标志着智能化思政的初步出现和积极尝试。这些探索为智能化思政的发展奠定了基础，同时也为未来智能化思政的进一步完善提供了宝贵经验。

2. 智能化思政的本质

智能化思政的本质在于将智能化技术与思想政治教育相结合，以实现教学内容的自动化服务和虚拟化交互。与传统思政课相比，并没有改变思政课的教学内容，而是通过技术革新的手段，将这些内容以新的形式呈现给学生。智能化思政并非以"智能"为核心，而是以"思政"为主导，将智能技术作为思政教育的辅助工具，用于推动思政教育的创新和提升。在本质上，智能化思政是借助智能化技术手段传播主流意识形态，旨在通过自动化和虚拟化的方式，教育和引导大学生树立正确的世界观、人生观和价值观。

值得注意的是，智能化思政并不会取代传统的思政教育，也不会出现智能机器人完全取代教师的情景。即使有所谓的智能机器人出现，它们也只是教师教学的助手，或者是学生学习的伙伴。智能化思政的目标是提升思政教育的效率和质量，而不是取代传统的教学模式。因此，智能化思政在实践中的作用主要体现在为教师和学生提供更好地学习和教学环境，促进思政教育的进步和发展。

（二）智能化技术：高校思政课教学的创新应用

1. "互联网技术+思政课"

在新时代高等教育中，互联网技术成为推动思想政治理论课（以下简称思政课）教学智能化创新的核心平台。这种创新不仅是对教学手段和流程的智能化改造，更是一种与时代相契合的教育理念的践行。首要之务是将互联网技术与思政课紧密结合，构建思政网课，从而满足信息化时代大学生学习需求的自动化课程学习服务。思政网课不仅通过网络运营平台如中国大学慕课和超星学习通等，提供了远程教育、移动教育的网络课程，实现了跨时空的教学传递，还通过慕课、微课和直播等形式，为学生提供了自主学习的机会，尤其在疫情防控期间，思政网课的作用愈发不可或缺。同时，思政网课也为思政课程提供了丰富的网络资源，通过网络平台，促进师生间的互动交流，提升课堂教学的效果，以及为实践教学提供了便利。思政课作为公共课程，必须积极利用"互联网+"的优势，构建起线上线下融合的教学模式。

"互联网技术+思政课"不仅仅意味着将传统教学与网络技术相结合，更是致力于构建一种全方位、立体化的教学空间。这种立体化的教学模式不仅包括传统的课堂教学，还包括了实践教学和网络教学，从而形成了一个综合性的学习环境。在这个环境中，学生可以通过课堂教学获得理论知识，通过实践教学将理论知识应用于实际问题中，而通过网络教学则可以随时随地获取相关资源，进行自主学习和讨论。这种立体化的教学模式不仅提高了教学效果，也增强了学生的学习积极性和参与度。同时，这种模式也为教师提供了更多的教学手段和资源，促进了教学内容的创新和更新。

2."大数据技术＋思政课"

大数据技术与高校思想政治理论课（简称思政课）的融合，标志着新时代高等教育教学智能化创新迈出了关键一步。这种融合不仅仅是技术与课程内容的简单叠加，更是对教学方法和流程进行智能化改造的重要实践。在这一进程中，大数据技术成为新时代高校思政课教学智能化的最重要技术支撑。

所谓数据思政，即是将大数据技术与高校思政课相结合，利用大数据分析平台和工具对产生于思政网课（以及线下课程）的各种数据进行收集、存储、整合、挖掘、转换、抓取等操作，从而实现对思政课整个教学流程的数据化改造。这种改造产生的反馈信息不仅是结构化的，而且是多元化的，主要包括对学生的点击率、浏览量、评论、转发等数据的统计分析报表，尤其重要的是对不同时期的数据进行比对，以揭示学生对思想理论的认同变化和教师教学存在的问题，进而预测未来可能出现的情况，为加强和改进思想政治教育提供决策和对策的"参考答案"。

通过数据思政，思政课教师可以深入了解和把握大学生的思想动态、行为取向和生活特征，从而能够有针对性地对教学过程进行调整和优化。这种针对性的调整和优化不仅能够提高教学效果，还能够更好地服务于学生的成长和发展，促进他们的全面素质提升。因此，数据思政不仅仅是一种技术手段，更是一种教育理念的创新，是新时代高校思政课教学智能化发展的重要路径之一。

3."VR/AR 技术＋思政课"

在新时代高等教育中，虚拟现实（VR）和增强现实（AR）技术被视为推动思想政治理论课（以下简称思政课）教学智能化创新的最前沿技术拓展。这种创新不仅是对教学手段和流程的智能化改造，更是一种立足于未来的教育理念的实践。关键在于将 VR/AR 技术与思政课程相结合，打造虚拟思政（VR 思政 /AR 思政），通过计算机仿真系统构建思政课的智能学习空间。

虚拟思政的建立，不仅依托于互联网技术和大数据技术的应用，更是在教育信息化 2.0 行动计划的指导下进行的一项重要举措。智能学习空间是一个高度仿真的虚拟体验网络，它融合了视听触等多种感官元素，能够自动生成与思政课教学内容相对应的虚拟场景。这些虚拟场景将思政课的理论知识和情境转化为了生动的 3D 模型和空间，使得学生能够沉浸在虚拟的互动实践环境中，更加深入地接受思政课程的理论教育。通过虚拟实践的视听触层面，学生不仅能够增强对思政课理论知识的理解，更能够加深对这些知识的认同和接受度。

VR/AR 技术为思政课的教学带来了全新的可能性。在虚拟思政的框架下，教师可以通过创建多样化的虚拟场景，使得抽象的理论知识变得更加具体、形象化。学生可以通过虚拟体验，身临其境地感受到不同思政理论在实际情境中的应用与影响，从而增强对思政课程的学习兴趣和主动性。此外，虚拟思政还可以提供个性化的学习体验，根据学生的不同学习风格和需求进行定制化教学，使得教学更加贴合学生的实际情况和学习特点。

第三节　教学资源的开发与共享

一、建设教学资源库供教师使用和分享

（一）教学资源库的构建意义

1. 适应"互联网+"时代的要求

在当今"互联网+"时代，信息技术的迅速发展已经深刻改变了教育教学的面貌。特别是在高校思政教育领域，这一变革尤为显著。随着互联网技术的普及和应用，传统的课堂教学模式正在逐渐被"互联网+教育"所取代。在这个背景下，建设教学资源库成为一项刻不容缓的任务。通过利用先进技术构建教学资源库，高校思政教育能够更好地顺应时代潮流，更加灵活地满足教师和学生的多样化需求。

教学资源库的建设不仅仅是跟随时代潮流，更是提升教学效果的重要举措。教学资源库可以整合各类优质教学资源，包括但不限于课件、教学视频、案例分析等。这为教师提供了更丰富的教学素材和工具，有助于增强教学的多样性和趣味性，提升学生的学习积极性和主动性。通过利用教学资源库，教师能够更加便捷地获取最新的教学方法和理念，不断拓宽自己的教学视野，提高教学水平和能力。

同时，教学资源库的建设也是为了满足教师和学生的多样化需求。在"互联

网+"时代，学生们对于教学资源的获取和利用方式也有了新的期待。他们希望能够通过手机、电脑等设备随时随地获取到所需的教学资料和资源。而建设教学资源库正是为了实现这一目标，为学生提供更加便捷、高效的学习体验。通过教学资源库，学生们可以根据自己的学习需求和兴趣，在线获取到丰富多样的教学资源，提高学习的效率和质量。

2. 整合优质资源提升教学效果

建设教学资源库是当今教育领域中一项至关重要的举措。通过整合优质的教学资源，如课件、教学视频、案例分析等，教学资源库为教师提供了丰富的教学素材和工具，从而有效地提升了教学效果。

首先，教学资源库的建设意味着教师可以轻松地获取到高质量的教学资源。在传统教学中，教师可能需要花费大量时间和精力去寻找、筛选和制作教学资源。然而，有了教学资源库，教师只需在库中搜索相关资源，便可迅速找到符合教学需求的优质资源。这大大节省了教师的时间，使他们能够更专注于教学设计和实施上，从而提高了教学的效率和质量。

其次，教学资源库的丰富性和多样性有助于增强教学的多样性和趣味性。在传统教学中，教师的教学内容可能局限于课本或手写制作的教学材料，难以满足学生的不同学习需求和兴趣。然而，在教学资源库中，教师可以获取到各种形式的教学资源，如图文并茂的课件、生动有趣的教学视频、引人入胜的案例分析等。这些丰富多样的教学资源可以帮助教师设计更生动、更富有趣味性的教学内容，激发学生的学习兴趣和积极性。

最重要的是，教学资源库的建设可以提升教学效果，使学生更好地理解和消化所学知识。优质的教学资源具有清晰明了的结构和丰富生动的内容，能够帮助学生更深入地理解教学内容，并将知识内化为自己的思想和能力。尤其是教学视频和案例分析等资源形式，能够提供生动直观的教学情境，激发学生的思考和探索欲望，促进他们的自主学习和能动性发展。

3. 促进教师专业成长和教学水平提升

教学资源库的建设不仅仅是学生学习的工具，同时也是教师专业成长的重要平台。通过教学资源库，教师们能够获取到最新的教学方法和理念，不断拓宽自己的教学视野，从而提升自身的教学水平。这种信息交流和共享的机制为教师的专业成长和教学能力的提升提供了有力支持。

首先，教学资源库为教师提供了丰富多样的教学素材和工具。教师可以从资源库中获取到各种形式的教学资源，包括但不限于课件、教学视频、案例分析等。这些资源不仅可以帮助教师丰富自己的教学内容，还可以启发教师的教学创新意识。通过借鉴和参考资源库中的优秀教学案例和方法，教师能够不断改进自己的教学设计和实施，提升教学效果。

其次，教学资源库为教师提供了与同行交流和互动的平台。在资源库中，教师们不仅可以获取到优质的教学资源，还可以与其他教师进行交流和分享。他们可以分享自己的教学经验和心得，交流教学中遇到的问题和解决方案，共同探讨教学方法和策略。这种交流和互动不仅有助于教师之间的专业成长，还能够促进教学水平的提升。

最重要的是，教学资源库为教师提供了个性化的专业发展支持。通过资源库，教师可以根据自己的兴趣和需求，选择适合自己的教学资源和培训课程。他们可以根据自己的教学实践和反思，有针对性地进行专业发展和提升，不断完善自己的教学技能和知识结构。这种个性化的专业发展支持有助于激发教师的学习动力和积极性，推动其不断提升教学水平。

（二）教学资源库的内容和建设方式

1. 丰富多样的内容涵盖思政教育各方面

教学资源库的内容应当全面丰富，覆盖思政教育的各个方面，以满足不同层次、不同类型学生的学习需求，提供多样化的教学资源，从而达到更好的教学效果。

第一，教学资源库应涵盖思想政治理论方面的内容。这包括马克思主义基本原理、中国特色社会主义理论体系、党的路线方针政策等方面的内容。通过精心策划和整理，可以在资源库中收录包括经典著作、重要论文、党史故事等丰富多样的教学资源，以帮助学生深入理解和把握思想政治理论，提高政治思想理论素养。

第二，教学资源库还应涵盖国情国史方面的内容。这包括中国历史、中国特色社会主义建设成就、中国特色社会主义道路的历史沿革等方面的内容。在资源库中可以收录各种形式的教学资源，如历史文献、图片资料、视频资料等，帮助学生全面了解中国的历史文化和国家发展进程，增强爱国主义情怀和文化自信。

第三，教学资源库还应覆盖社会热点方面的内容。这包括当下社会经济发展、政治生态变化、社会问题热点等方面的内容。通过及时收录和更新相关教学资源，教师可以引导学生关注时事热点，拓宽视野，培养批判思维和分析能力，

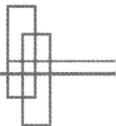

增强社会责任意识和现实问题解决能力。

2. 借助先进信息技术，实现高效管理和共享

建设教学资源库的过程中，充分利用先进的信息技术手段至关重要。通过应用云计算、大数据等技术，可以实现资源的高效管理和共享，从而提高资源的利用率和传播效率，为教师和学生提供更加便捷高效的学习体验。

第一，云计算技术为教学资源库的建设提供了高效的存储和管理方案。传统的教学资源存储往往依赖于个人计算机或局域网服务器，存在存储容量有限、数据安全性差等问题。而通过云计算技术，可以将教学资源存储于云端服务器上，实现数据的高效存储和备份。教师和学生可以通过网络随时随地访问到所需的教学资源，极大地方便了教学活动的开展。

第二，大数据技术为教学资源的共享和利用提供了强大支持。教学资源库中的大量数据可以被收集、整理和分析，从而为教学提供更深入地挖掘和应用。通过大数据分析，可以了解教学资源的使用情况和受众反馈，为教学设计和资源更新提供数据支持。同时，大数据技术还可以实现个性化推荐，根据用户的偏好和需求为其推送相关资源，提高资源的使用效率和学习体验。

第三，先进信息技术还能够实现教学资源的智能化管理和处理。利用人工智能技术，可以对教学资源进行自动分类、标注和检索，提高资源的组织和管理效率。教学资源库还可以集成智能化的教学工具和平台，为教师提供个性化的教学支持和辅助，提升教学效果和体验。

3. 引入个性化推荐，实现精准匹配

教学资源库的引入人工智能技术，实现个性化推荐，是提高教学资源利用效率和优化学习体验的重要举措。通过分析教师和学生的学习需求、兴趣特点以及历史行为数据，系统可以自动推送相关资源，实现精准匹配，从而为教师和学生提供更加个性化、针对性强的学习资源支持。

第一，个性化推荐能够为教师提供更加精准的教学资源支持。教师在备课和教学过程中，常常需要针对特定的教学内容和学生需求寻找相关资源。而个性化推荐系统可以根据教师的教学科目、教学风格、教学目标等因素，为其推送与之匹配的高质量教学资源，节省了教师寻找资源的时间，提高了备课效率。

第二，个性化推荐对于学生而言也具有重要意义。学生在学习过程中，往往存在着不同的学习需求和学习兴趣。有些学生可能对某些学科或主题感兴趣，而对另一些学科则不感兴趣。通过个性化推荐系统，可以根据学生的学习历史、兴趣爱好和学习能力，为其推送符合其个性化需求的学习资源，激发学生的学习兴趣，提高学习积极性和效果。

第三，个性化推荐还能够促进教学资源的有效利用和共享。通过系统对用户的行为数据进行分析，可以了解用户对不同类型资源的偏好和使用习惯，为教学资源的分类、整理和更新提供数据支持。同时，个性化推荐系统还可以根据用户的反馈和评价，不断优化推荐算法，提高推荐的准确性和用户满意度，促进教学资源的共享和交流。

（三）鼓励教师分享和贡献教学资源

1.建立奖励机制，激发教师分享积极性

建立奖励机制是促进教师分享教学资源积极性的重要手段。在教学资源库的建设中，建立相应的奖励机制能够有效激发教师的分享意愿和积极性，推动教学资源的共享与交流。这一机制的建立不仅可以提高教学资源的质量和数量，还能够促进教师之间的合作与互动，进而提升整体教学水平。

第一，奖励机制可以通过给予教师一定的荣誉和奖励来鼓励他们分享教学资源。这些荣誉和奖励可以包括但不限于优秀教学资源奖、教学创新奖等。通过设立这些奖项，可以对教师在资源分享方面的突出贡献给予公开认可和奖励，激发更多教师的积极性和创造力。

第二，奖励机制还可以通过物质奖励来激励教师参与资源分享。例如，可以设立一定的奖金或奖品，作为教师分享优质教学资源的奖励。这种物质奖励不仅可以直接激发教师的积极性，还可以增加其分享资源的动力，促进资源共享的广泛开展。

第三，奖励机制还可以包括专业发展和晋升方面的奖励。教师在教学资源分享方面展现出色表现的，可以获得专业发展机会，如参加学术研讨会、学术交流访问等。同时，这种表现也可以纳入教师评优评先的考量范围，对其进行职称评定和晋升，进一步激发教师的分享积极性。

四是，建立奖励机制还可以通过提供专业支持和服务来激励教师参与资源分享。例如，为教师提供技术培训、资源整理和编制指导等服务，帮助其更好地分享和利用教学资源。这种专业支持和服务不仅能够提高教师分享资源的效率，还能够增强其参与的积极性和主动性。

2.组织交流分享活动，促进合作与交流

除了建立奖励机制外，组织交流分享活动也是促进教师之间资源共享、合作

与交流的重要途径。通过举办教师分享交流会议、研讨会等活动，为教师提供一个交流分享的平台，可以有效地促进教师之间的合作与交流，从而提高整体教学水平和能力。

第一，组织教师分享交流会议可以为教师提供一个面对面交流的机会。在这样的会议上，教师可以分享自己的教学心得、经验和教学资源，互相借鉴、学习。通过听取来自不同学科、不同学校的教师的分享，教师们可以拓宽自己的教学视野，了解到更多的教学方法和理念，从而提高自身的教学水平。

第二，举办研讨会等活动可以促进教师之间的专业合作与研究。在这样的活动中，教师们可以共同探讨教学中遇到的问题、挑战和解决方案，共同研究教学方法和策略。通过集思广益，教师们可以共同探索出更加有效的教学模式和方法，为教学实践提供更加丰富的思想和经验支持。

第三，这些交流分享活动还可以促进教师之间的情感交流与团队建设。在活动中，教师们可以互相鼓励、支持，建立起良好的合作关系和团队精神。通过这样的团队合作和交流，教师们可以共同成长、共同进步，提高整体的教学水平和能力。

3.建立专业平台，支持资源共享

为了更好地支持教师资源的共享，建立专业的教师资源共享平台是至关重要的。这样的平台可以为教师们提供一个便捷的、专业化的资源交流和互动的空间，有助于促进教学资源的广泛共享与交流，从而提高教学水平和效果。

第一，专业的教师资源共享平台应该具备上传、下载和评论等基本功能。教师可以通过平台上传自己制作的教学资源，同时也可以浏览、搜索并下载其他教师共享的资源。此外，平台还应该提供评论功能，让教师们可以对资源进行评价、提出建议和分享使用心得，从而促进资源的优化和改进。

第二，专业平台应该设置丰富多样的资源分类和标签系统。通过合理分类和标签，可以让教师们更快速地找到他们需要的资源，提高资源的利用效率。例如，可以按照学科、年级、教学内容等因素进行分类，同时设置相应的标签，帮助教师们更精准地定位和获取所需资源。

第三，专业平台还应该注重内容的质量和可信度。平台管理者可以对上传的教学资源进行审核和筛选，确保资源的质量和准确性。同时，平台应该建立用户信任体系，鼓励教师们分享高质量、有学术价值的教学资源，提高平台整体的信誉度和影响力。

第四，为了增强平台的互动性和社交性，可以设置一些额外的功能和活动。例如，举办教师资源分享比赛、专题讨论活动等，激发教师们的创作热情和分享意愿，进一步促进资源的共享和交流。

二、借助社交化媒体平台促进教师交流与合作

（一）社交化媒体在思政教育中的应用意义

1. 促进教师之间的联系与交流

社交化媒体平台在当前的"互联网+"时代为高校思政教育的教师提供了一个便捷的交流与分享平台。这些平台的出现极大地促进了教师之间的联系与交流，为思政教育的教学工作提供了新的可能性和机遇。

第一，社交化媒体平台为教师提供了一个随时随地进行交流的渠道。无论是在办公室、家中，还是在外出工作的路上，教师都可以通过手机、平板电脑等设备随时接入这些平台，进行即时的交流和沟通。这种便捷的交流方式消除了时间和空间的限制，极大地方便了教师之间的联系。

第二，社交化媒体平台的特点使得教师们能够更加自由地分享彼此的教学经验、心得和资源。在这些平台上，教师们可以发表自己的见解、观点，分享自己的教学实践和心得体会，从而激发出更多的交流和讨论。这种开放式的分享机制不仅促进了教师之间的信息流动，还能够为他们提供更多的启发和灵感。

第三，社交化媒体平台还能够促进教师之间的互动与互助。教师们可以在平台上提出自己在教学中遇到的问题或困惑，寻求他人的帮助和建议；也可以积极回应他人的求助，分享自己的解决方案和经验。这种互动与互助的氛围有助于建立起教师之间的合作关系和信任，形成一个共同成长、共同进步的社群。

2. 实现跨时空的合作与互动

社交化媒体平台作为一种先进的信息交流工具，具有实现跨时空的交流与合作的独特优势。无论教师们身处何地，都可以通过这些平台进行即时的沟通和合作，极大地拓展了教师们之间的合作空间和机会。

第一，社交化媒体平台实现了时空的无障碍交流。教师们可以通过手机、平板电脑等设备随时随地接入平台，进行即时的文字、图片、音频、视频等多样化形式的交流。这种便捷的交流方式不受地理位置和时间限制，使得教师们可以在忙碌的工作之余，利用碎片化时间进行交流与合作。

第二，社交化媒体平台提供了多样化的合作工具和功能。教师们可以通过平

台上的即时通信功能进行一对一或群体的交流与讨论，也可以通过发布动态、博客、论坛等形式分享自己的教学心得和资源。此外，一些平台还提供了协作编辑、在线会议、远程演示等功能，为教师们提供了更多的合作机会和工具。

第三，社交化媒体平台促进了跨学科、跨地域的合作与互动。教师们不仅可以与同一学校、同一学科的同行进行交流合作，还可以与全国乃至全球范围内的教育工作者进行连接和交流。这种跨学科、跨地域的合作模式有助于教师们汲取更广泛的教学经验和理念，拓宽教学视野，提高教学质量。

第四，社交化媒体平台也为教师们提供了建立个人品牌和专业形象的机会。通过在平台上分享优质的教学资源、发表高质量的教学观点和心得体会，教师们可以树立起良好的专业形象，吸引更多的关注和合作机会，进一步促进跨时空的合作与互动。

3. 激发教师的创新与探索精神

通过社交化媒体平台的交流与分享，教师们得以接触到来自不同地域、不同学科、不同教育背景的教学理念和方法，这种跨界的交流促进了教师们的创新与探索精神的激发。在这些平台上，教师们可以分享自己的教学实践经验、教学心得以及教学资源，同时也可以学习借鉴他人的经验和成果。这种开放式的交流与分享机制为教师们提供了一个宝贵的学习和成长平台，进而推动了他们的教学创新与探索。

第一，社交化媒体平台为教师们提供了一个开放、共享的交流平台。在这里，教师们不仅可以分享自己的教学实践，还可以学习借鉴他人的成功经验。通过倾听和交流，教师们可以发现不同学科、不同地域的教学特点和创新方法，从而激发出自己的创新灵感。

第二，社交化媒体平台的交流方式多样，为教师们提供了丰富的交流形式和途径。无论是文字、图片、视频、音频等形式的交流，还是在线讨论、线上研讨会、远程演讲等方式的交流，都为教师们提供了更广泛的交流空间和方式。这种多样化的交流方式使得教师们更容易被启发和激励，从而更有动力地进行教学创新与探索。

第三，社交化媒体平台的全球性和开放性也为教师们的创新与探索提供了更广阔的视野和平台。在这些平台上，教师们可以与来自全球各地的教育工作者进行交流与合作，了解和学习不同国家、不同文化背景下的教学实践和创新成果。这种跨文化、跨地域的交流与分享，为教师们的创新和探索提供了更多的启发和可能性。

（二）社交化媒体平台的选择和使用

1. 选择适合教育教学的平台

在选择适合教育教学的社交化媒体平台时，需要综合考虑其特点和教学需求，以确保平台能够满足教师们的交流与合作需求，并有效促进教学资源的分享与讨论。微信、QQ 群、微博等平台具有即时通信的特点，适合于教师们进行实时的交流与互动。这些平台提供了方便快捷的沟通渠道，教师们可以随时随地进行文字、图片、音频等形式的交流，讨论教学问题、分享教学资源，实现即时互动与反馈。同时，这些平台也可以通过建立群组或关注特定话题，将教师们聚集在一起，形成教学交流的社群，促进信息的传播与共享。

另一方面，知乎、教师微社区等专业的教育社区平台则更适合于深入的教学经验和资源的分享与讨论。这些平台通常以教育为主题，聚集了大量的教育从业者和教育爱好者，提供了一个专业化、深度化的交流平台。教师们可以在这些平台上发布文章、分享教学心得、提出问题，进行深入的教学讨论和交流。平台上的内容质量相对较高，教师们可以从中获取更丰富、更有深度的教学资源和经验，进而提升自己的教学水平和能力。此外，这些平台通常提供了分类、标签、搜索等功能，方便教师们快速定位到自己感兴趣的内容，提高了信息的检索效率和精准度。

2. 充分利用平台的功能

在使用社交化媒体平台时，教师们应该充分利用平台提供的各种功能，以实现更加深入和高效地交流与合作。其中，发布文章是一种非常重要的功能。通过发布文章，教师们可以系统地分享自己的教学经验、教学方法、教学研究成果等内容，向其他教师展示自己的教学理念和实践成果。这种形式不仅能够提供更为详细和全面的信息，还可以为其他教师提供参考和借鉴，促进教学经验的传承和积累。

发起话题也是一种促进交流和讨论的重要手段。教师们可以通过发起话题，提出自己关心的教育问题、教学难题或者教学经验，引发其他教师的讨论和回应。这样的话题讨论不仅能够促进教师之间的交流，还可以拓展教师们的思维，激发出更多的教学创新和探索。

评论回复功能也是教师们进行交流和互动的重要途径。通过评论和回复，教师们可以对他人的观点进行评价、提出自己的见解，形成良好的讨论氛围。同

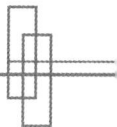

时，教师们也可以通过回复来解答其他教师提出的问题，分享自己的经验和建议，促进教学经验的交流和共享。

3. 建立专业的交流群或社区

建立专业的教师交流群或社区是促进教师之间交流与合作的重要举措。这样的群体或社区提供了一个专门的平台，让教师们能够方便地分享自己的教学资源和经验，提出问题和观点，进行讨论和互动。通过这种方式，教师们能够彼此借鉴、学习，共同进步，进而提高整体的教学水平和教育质量。

在专业的教师交流群或社区中，教师们可以分享各自的教学资源，包括课件、教学设计、教学视频等。这些资源的分享不仅能够丰富其他教师的教学内容，还能够为教学设计和备课提供参考和灵感。同时，教师们也可以分享自己的教学经验，包括教学方法、策略、技巧等，从而帮助其他教师更好地应对教学中的挑战和问题，提高教学效果和质量。

此外，专业的教师交流群或社区也是教师们交流思想、观点和看法的平台。在这里，教师们可以提出自己的教学问题、困惑和疑惑，寻求其他教师的帮助和建议。同时，他们也可以分享自己的教育理念、教学心得和教育观点，进行深入的讨论和探讨。通过这样的交流与互动，教师们能够拓宽自己的教育视野，开拓思路，提高教育教学的水平和质量。

（三）促进教师交流与合作的策略

1. 组织线上线下的交流活动

组织线上线下的交流活动是促进教师之间交流与合作的重要途径。这样的活动可以为教师们提供一个面对面交流的机会，让他们更加深入地探讨教学问题，分享教学经验，从而共同提高教学水平。

第一，线上线下的交流活动为教师们创造了一个实时互动的平台。在线下活动中，教师们可以面对面地交流、讨论，进行更加深入和直接地沟通。而在线上活动中，教师们可以通过网络平台进行实时的讨论和互动，不受地域和时间的限制，方便快捷。

第二，这样的交流活动能够促进教师之间的交流与合作。在活动中，教师们可以分享自己的教学经验、教学方法和教学成果，互相借鉴、学习，共同进步。通过交流和合作，教师们可以发现问题、解决问题，提高教学水平，为学生提供更好的教育服务。

第三，线上线下的交流活动也可以为教师们提供一个展示自己成果的平台。

在这样的活动中，教师们可以展示自己的教学设计、教学案例、教学成果等，与他人分享自己的成功经验和教学心得，激发他人的学习兴趣和动力。

2. 建立专门的交流平台

为了提供更为便捷和专业的交流环境，建立专门的教师交流平台是一个重要举措。这样的平台可以为教师们提供一个共享资源、交流经验、学习成长的专业化平台，有助于促进教师之间的合作与互动。

在专门的教师交流平台上，教师们可以分享各自的教学资源。这包括课件、教学设计、教学视频等各类资源。通过分享资源，教师们可以相互借鉴、学习，丰富自己的教学内容，提高教学质量。同时，平台也可以提供资源搜索和分类功能，使教师们能够更加便捷地找到自己所需的教学资源。

教师交流平台还可以为教师们提供一个发表观点和交流经验的平台。教师们可以在平台上发布自己的教育理念、教学心得、教学方法等内容，与其他教师进行交流和讨论。这样的交流有助于拓宽教师们的教育视野，激发教育教学的创新和探索。

教师交流平台还可以组织专题讨论和在线研讨。通过这些活动，教师们可以就特定的教育问题展开深入的讨论和探讨，交流不同的观点和见解，共同寻求解决问题的办法。这样的活动有助于促进教师之间的合作与互动，推动教学水平的提升。

3. 制定奖励机制激励教师参与交流

为了激励教师积极参与交流与合作，制定相应的奖励机制是至关重要的。这样的奖励机制可以有效地激发教师的参与积极性，促进教师之间的交流与合作，进而提升整体的教学水平和教育质量。

第一，奖励机制可以通过表彰优秀的交流与合作行为来激励教师。对于积极参与各类交流活动、分享资源和经验的教师，可以设立优秀交流教师奖等奖项，通过这种方式公开表彰其贡献和成就。这样的奖励既可以提升教师的荣誉感，也能够鼓励其他教师积极参与到交流与合作中来。

第二，奖励机制也可以以物质奖励的方式来激励教师。除了荣誉奖励外，可以设立一定的奖金或实物奖励，作为对积极参与交流与合作的教师的物质鼓励。这样的奖励可以直接反映教师的付出和贡献，增强其参与的积极性。

第三，奖励机制还可以结合教师的绩效考核体系，将教师的交流与合作行为纳入绩效考核范畴。通过将交流与合作作为一项重要的考核指标，可以进一步激励教师积极参与到交流与合作中来，使之成为教师职业发展的一部分。

三、鼓励学生参与教学资源的共建共享

（一）学生参与教学资源共建的意义

1.培养学生的合作意识和团队精神

学生参与教学资源的共建共享不仅仅是简单地完成一项任务，更重要的是其中蕴含的合作意识和团队精神的培养。这一过程可以被视为学生们的合作训练场，为他们未来的职业生涯和社会交往打下坚实的基础。

第一，通过参与教学资源的共建共享，学生们需要与他人协作、共同努力，才能最终完成任务。这种合作不仅包括了在资源的创作、整理和编辑过程中的相互配合，还包括了在交流和分享环节中的互相借鉴与学习。在这个过程中，学生们需要学会倾听他人的意见，尊重他人的贡献，积极表达自己的想法，从而形成良好的合作氛围。

第二，参与教学资源的共建共享也需要学生们具备团队精神。团队精神不仅体现在个人的努力和贡献，更重要的是整个团队的利益和目标的达成。在这个过程中，学生们需要学会团结协作，共同面对困难和挑战，相互支持和鼓励，以达成共同的目标。

第三，通过与他人合作的经历，学生们还能够提升沟通能力、解决问题的能力和团队管理能力。他们学会了如何与他人有效地沟通和协商，在团队中解决问题和冲突，以及如何协调和管理团队的工作和资源。这些能力不仅对于学生的学习和成长有着重要的意义，也对他们未来的职业发展和社会交往具有重要的价值。

2.提高学生的综合素质

参与教学资源的共建不仅仅是学生获取知识的过程，更是培养学生综合素质的重要途径。在这个过程中，学生需要运用自己所学的知识和技能，积极参与资源的制作和编辑，从而提高自己的综合素质。

第一，通过参与资源的制作和编辑，学生能够提高自己的表达能力和创造能力。在资源制作的过程中，学生需要清晰地表达自己的想法和观点，以确保资源的质量和有效性。同时，他们还需要运用创造性的思维，设计和创作出具有吸引力和价值的教学资源，从而培养自己的创造力和创新能力。

第二，参与资源的共建还能够培养学生解决问题的能力和创新意识。在资源

制作的过程中，学生可能会遇到各种挑战和困难，需要通过分析、思考和解决问题的方式克服。这样的实践能够让学生学会面对问题时保持冷静，寻找解决问题的有效方法，培养他们的问题解决能力和创新意识。

第三，参与资源的共建也能够促进学生的团队合作和沟通能力。在资源制作的过程中，学生需要与他人合作、共同努力，才能最终完成任务。这种合作过程不仅需要学生们相互配合、协调工作，还需要他们之间进行有效地沟通和协商，以确保资源的质量和完成时间。

3. 促进学生之间的交流与合作

学生参与资源的共建共享是一种促进学生之间交流与合作的重要途径。在这个过程中，学生们不仅能够通过共同的任务和目标联系在一起，还可以通过互相学习、合作和交流来提高自己的学习效果和综合素质。

第一，共建资源的过程促进了学生之间的交流与互动。在共建的过程中，学生们不仅需要相互交流和讨论资源的内容和设计，还需要共同解决遇到的问题和困难。这种交流和互动不仅有助于学生理解和消化所学知识，还能够培养他们的沟通能力和表达能力。

第二，共建资源的过程鼓励了学生之间的合作与协作。在共建的过程中，学生们需要共同努力、相互配合，才能最终完成任务并达到预期的效果。这种合作与协作不仅有助于学生解决问题和完成任务，还能够培养他们的团队精神和合作意识。

第三，共建资源的过程也为学生们提供了学习和借鉴的机会。在共建的过程中，学生们可以学习和借鉴他人的思路和方法，了解不同的观点和见解，从而拓宽自己的视野和思维方式。这种学习和借鉴不仅有助于学生提高自己的学习水平，还能够促进他们之间的交流和合作。

（二）学生参与教学资源共建的方式

1. 组织学生参与资源的录制和编辑工作

为了促进学生参与教学资源的共建，组织学生参与资源的录制和编辑工作是一项有效的举措。通过这样的活动，学生可以发挥自己的创造力和想象力，提高自己的技能水平，同时为教学资源的丰富和多样化作出积极的贡献。

第一，组织学生制作教学视频是一种有效的方式。教学视频可以将抽象的概念或理论具象化，让学生通过视听的方式更直观地理解和掌握知识。学生可以通过制作教学视频来解释复杂的概念、演示实验操作过程或讲解案例分析，从而提高自己的表达能力和沟通能力。

第二，组织学生录制实验操作过程也是一种有效的方式。在很多学科中，实验是学生学习的重要环节，但是由于实验设备和条件的限制，很多学生无法亲自进行实验操作。通过录制实验操作过程的视频，可以让学生在课堂之外观看实验操作的全过程，加深对实验原理和步骤的理解。

第三，组织学生拍摄实地调研的视频资料也是一种有效的方式。在一些课程中，实地调研是学生了解和探究社会现实的重要途径，但是由于时间和地点的限制，很多学生无法参与到实地调研中。通过拍摄实地调研的视频资料，可以让学生在课堂之外了解实地调研的情况和结果，拓宽自己的视野和知识面。

2. 组织学生参与资源的评审和修改

除了参与教学资源的制作外，组织学生参与资源的评审和修改工作也是非常重要的。这样的活动可以有效地培养学生的批判性思维、审美能力和评价能力，同时促进他们的创造力和合作精神。

第一，组织学生对已有的教学课件进行评审是一种有效的方式。学生可以通过对教学课件内容、结构、表达方式等方面进行评价和分析，提出改进建议。这样的活动可以激发学生的思维，促使他们思考如何将教学内容更好地呈现给其他同学，从而提高他们的创造性和表达能力。

第二，组织学生对教学视频进行编辑和修剪也是一种有效的方式。在这个过程中，学生可以针对视频的内容、节奏、视觉效果等方面进行评价和修改，以提高视频的质量和吸引力。通过这样的活动，学生可以培养自己的审美能力和技术能力，同时也能够提高他们的合作精神和团队协作能力。

第三，组织学生参与资源的评审和修改工作还可以促进学生之间的交流和合作。在评审和修改的过程中，学生们需要相互讨论、协商，共同解决问题，形成良好的合作关系和团队氛围。这种交流和合作不仅有助于提高学生的学习效果，还能够增进他们之间的友谊和感情。

（三）学生参与教学资源共建的激励机制

1. 设置学生资源共建奖励计划

（1）奖励计划设计

为了激励学生参与教学资源的共建，学校可以制定学生资源共建奖励计划。这一计划应该具体而周全，涵盖各个方面，以确保学生在资源共建过程中得到充分的激励和认可。奖励计划可以包括优秀资源共建奖、优秀编辑奖等不同类别的奖项，以奖励不同层次和不同贡献的学生。

（2）奖励内容

奖励内容应该具体明确，符合学生的实际需求和期待。例如，对于优秀资源共建奖，可以设置一定的奖金或奖品，同时颁发荣誉证书或奖章作为表彰。对于优秀编辑奖，则可以提供专业编辑培训机会或资深编辑指导，以提升学生的编辑技能和水平。

（3）奖励标准

奖励标准应该具有公正性和客观性，能够准确评价学生的贡献和表现。学校可以设立评审委员会或专家组，根据学生的资源质量、创新性、影响力等方面进行评定，确保奖励的公平性和权威性。同时，应该设立明确的评分标准和评定流程，使学生能够清晰了解如何获得奖励。

2. 将学生资源共建纳入综合评价体系

（1）纳入评价指标

为了进一步激发学生参与资源共建的积极性，学校可以将学生资源共建纳入学生的综合评价体系中。这可以通过将学生资源共建情况作为学生综合素质评价的重要组成部分来实现。例如，在学生的评价档案中专门设立一项资源共建情况，对学生的参与度、贡献度等方面进行评价。

（2）评价方法

评价方法应该多样化，综合考量学生在资源共建过程中的各种表现和贡献。可以采用定量和定性相结合的评价方式，包括学生自我评价、教师评价、同学评价等多方评价。同时，应该设立相应的评价标准和评定流程，确保评价结果的客观性和公正性。

（3）激励措施

为了激励学生积极参与资源共建，学校可以设立相应的激励措施。例如，对于在资源共建方面表现突出的学生，可以给予额外的学分奖励、综合素质评价加分等激励措施。这样既能够鼓励学生参与资源共建，又能够提高他们的学习动力和积极性。

第六章 "互联网+"时代下高校思政教学质量评价体系建构

第一节 教学目标的明确与量化

一、确立明确的思政教育目标

在高校思政教育中，明确的教育目标是推动学生全面发展、培养社会主义建设者和接班人的关键。在互联网+时代，这些目标需要与时俱进，以适应社会变革和学生需求的发展。

（一）分析社会需求和国家发展战略

在"互联网+"时代，高校思政教育的目标制定需要深刻理解社会需求和国家发展战略，以确保教育目标的实际意义和针对性。

1. 深入分析当前社会问题与趋势

思政教育的目标制定是高校教育体系中的关键环节，它需要深入分析当前社会的问题与趋势，以确保教育目标的针对性和有效性。在当今时代，社会经济、文化、政治等方面都呈现出许多新的特点和趋势，这些特点和趋势对于高校思政教育的目标制定具有重要影响。

第一，社会经济方面的变化是制定思政教育目标的重要参考。随着经济全球化和科技进步的加速发展，社会经济结构发生了深刻的变化。新兴产业的兴起、数字经济的崛起以及就业形势的变化等，都对青年学生的思想观念和就业观念产生了深远影响。因此，思政教育的目标应当紧密贴合当前经济形势，培养学生的创新意识、适应能力和社会责任感，使其能够适应经济发展的新要求。

第二，文化方面的变化也是思政教育目标制定的重要考量因素。随着文化多样性和文化传播方式的多元化，青年学生接触到的信息更加丰富和多样化。这就要求思政教育目标要求学生具备正确的文化认知和文化自信，要培养学生的文化素养和文化自觉，引导他们树立正确的文化价值观，增强文化自觉性和文化自信心。

第三，政治方面的变化也对思政教育目标的制定提出了新的挑战。在信息时代，政治观念和政治信仰的形成受到多种因素的影响，政治参与的形式也更加多样化。因此，思政教育的目标需要培养学生正确的政治意识和政治素养，引导他们积极参与社会政治生活，增强政治责任感和政治担当。

2. 确定思政教育的重点方向

在确定思政教育的重点方向时，需要充分考虑社会的需求和发展趋势，以确保思政教育与时代发展相适应、与社会需要相契合。在当今时代，社会变革与发展带来了多元化的需求，因此，思政教育的重点方向也需要相应地进行调整和优化。

第一，培养学生的社会责任感是思政教育的重点方向之一。随着社会的不断发展和变革，对青年学生的社会责任感提出了更高的要求。作为未来社会的建设者和领导者，学生们需要具备积极的社会责任感，能够关心社会大局、参与公益活动、关注弱势群体，并为社会的进步和发展贡献自己的力量。

第二，培养学生的公民素养也是思政教育的重点方向之一。公民素养包括了对国家法律法规的遵守、对社会公共事务的参与以及对公共利益的关注等方面。在一个法治和民主的社会中，学生需要具备良好的公民素养，才能够成为合格的公民，为社会的和谐稳定作出积极贡献。

第三，创新精神的培养也是思政教育的重点方向之一。在当前经济发展的新常态下，创新已成为推动社会进步和经济增长的重要动力。因此，思政教育应该注重培养学生的创新意识和创新能力，鼓励他们勇于探索、敢于创新，培养他们成为具有创新精神的未来领袖和创业者。

（二）参考学校办学定位

学校的办学定位和特色是制定思政教育目标的重要依据，应当充分考虑学校的文化传统、学科特色和育人理念。

1. 理解学校的办学理念

学校的办学理念是学校办学活动的指导思想和根本原则，是学校价值取向和育人目标的体现。深入了解学校的办学理念和文化传统对于确立思政教育目标至关重要。学校的办学理念通常是根植于学校的历史传统、地域文化和发展定位之中，是学校办学的精神支柱和行动指南。

第一，学校的办学理念往往反映了其对教育的独特理解和追求。一所学校可能强调的是"德才兼备"，注重学生的品德与能力的培养；另一所学校可能倡导"全人教育"，追求学生的全面发展；还有一些学校可能秉持"以人为本"的教育理念，将学生的身心健康放在首位。通过理解学校的办学理念，可以深入探究学校的教育价值观和目标定位，为思政教育目标的确立提供重要参考。

第二，学校的文化传统和历史沉淀也是塑造其办学理念的重要因素。一所学校的办学理念往往根植于其悠久的历史传统和深厚的文化底蕴之中。例如，一些名校可能秉承着百年办学传统，注重"精英教育"和"传统文化传承"；而一些新兴学校可能更加注重"创新创业"和"实践教育"。通过对学校的文化传统和历史沉淀的认知，可以深刻理解学校的办学理念及其所蕴含的教育意义，为思政教育目标的制定提供依据。

第三，学校的办学理念还体现了其对未来发展的规划和期望。随着时代的变迁和社会的发展，学校的办学理念也在不断演进和完善。一所学校可能将"服务社会、造福人类"作为办学理念，强调培养具有国际视野和社会责任感的优秀人才；另一所学校可能倡导"推动产学研深度融合"，致力于培养创新创业人才，为国家的科技创新和经济发展作出贡献。通过理解学校对未来发展的规划和期望，可以为思政教育目标的制定提供前瞻性的指导和支撑。

2. 结合学校的育人特色

学校的育人特色是指学校在教育过程中所具有的独特的教育理念、方法和模式，反映了学校在育人方面的独特价值取向和办学特点。结合学校的学科特色和育人特点，将思政教育目标与学校的办学特色相结合，可以体现教育的个性化和差异化，提高思政教育的针对性和实效性。

第一，学校的学科特色是制定思政教育目标的重要依据之一。不同学校可能在不同学科领域有着各自的优势和特色。例如，一所工科大学可能具有较强的科研实力和技术创新能力，注重培养学生的工程实践能力和创新精神；而一所文科院校可能更加注重人文精神和社会责任感的培养。因此，在确定思政教育目标时，可以结合学校的学科特色，突出相关学科领域的思政教育内容，使之更具针对性和实践性。

第二，学校的育人特点是思政教育目标与学校办学理念相结合的重要依据。

不同学校可能有着不同的育人特点和教育模式。例如，一些特色学校可能以"素质教育"为办学特色，注重培养学生的综合素质和创新能力；而一些传统名校可能以"德育为先"为办学特色，注重培养学生的道德品质和社会责任感。因此，在确定思政教育目标时，可以结合学校的育人特点，突出学校的教育理念和价值观，使之与思政教育目标相互呼应和相辅相成。

第三，结合学校的学科特色和育人特点，可以实现思政教育目标的个性化和差异化。不同学校有着不同的办学定位和教育目标，因此在思政教育目标的制定过程中，需要根据学校的具体情况进行调整和优化，使之更符合学校的特色和发展需求。通过结合学校的学科特色和育人特点，可以实现思政教育目标的个性化定制，提高教育的针对性和有效性，促进学生全面发展和成长。

（三）咨询专家和相关方

为了确保思政教育目标的科学性和可行性，可以邀请专家学者、教育行政部门和社会团体等相关方参与目标制定的讨论和建议。

1. 倾听专家学者的建议

倾听专家学者的建议在制定思政教育目标过程中具有重要意义。专家学者作为具有丰富理论知识和实践经验的权威人士，其建议能够为思政教育目标的制定提供宝贵的参考和指导，有助于确保目标的科学性、合理性和可行性。

第一，专家学者能够基于其深厚的学术功底和研究经验，对当前社会形势和教育现状进行深入分析和评估。他们对社会发展的趋势、问题和需求有着敏锐的洞察力，能够客观全面地把握教育目标制定的背景和前提条件。通过倾听专家学者的意见，可以更好地了解当前社会所面临的挑战和机遇，为思政教育目标的制定提供科学的依据和参考。

第二，专家学者在教育领域拥有丰富的实践经验和成功案例，能够从实践中总结出一系列有效的教育方法和策略。他们的建议往往能够直接指导教育实践，为思政教育目标的实施提供可操作性的建议和方案。通过倾听专家学者的建议，可以借鉴其成功的经验，避免教育实践中的盲目性和偏差，提高思政教育的有效性和实效性。

第三，专家学者还具有权威性和公信力，其建议往往能够得到广泛的认可和支持。倾听专家学者的声音，有助于提升思政教育目标的权威性和可信度，增强目标的社会认同感和影响力。通过专家学者的建议，可以为思政教育目标的推进和实施赢得更多的支持和配合，形成教育改革的合力和共识。

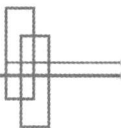

2. 听取教育行政部门和社会团体的意见

听取教育行政部门和社会团体的意见在制定思政教育目标过程中具有重要意义。教育行政部门负责制定和实施教育政策，了解教育改革的最新动态和政策导向，具有权威性和专业性。而社会团体则代表了社会各界的声音和利益诉求，在教育领域发挥着重要的监督和参与作用。因此，听取他们的意见可以使思政教育目标更加符合国家和地区的教育政策和需求，具有较高的针对性和实践性。

首先，教育行政部门可以提供关于教育改革的政策文件、指导意见和实施方案等方面的信息和建议。他们深入了解国家和地区的教育发展战略和规划，能够为思政教育目标的制定提供政策依据和指导方针。通过听取教育行政部门的意见，可以确保思政教育目标与国家教育政策保持一致，与教育改革的方向和要求相适应。

其次，社会团体代表了不同利益群体的声音和诉求，具有多元化的参与和反映功能。各类社会团体在教育领域有着丰富的经验和资源，可以提供关于教育改革的前沿理念、实践经验和社会反馈等方面的建议和意见。通过听取社会团体的意见，可以全面了解社会各界对思政教育目标的期待和要求，促进教育目标的民主化、参与性和民意性。

最后，听取教育行政部门和社会团体的意见有助于增强教育改革的可持续性和稳定性。教育行政部门代表了政府的声音和意志，具有较高的决策权和执行力，能够为思政教育目标的落实提供政策支持和资源保障。而社会团体代表了社会各界的利益和期待，能够监督和推动教育改革的顺利进行。通过听取他们的意见，可以增强教育改革的广泛性和持久性，促进教育目标的有效实现和社会认同。

二、将目标量化为具体指标

将思政教育目标量化为具体指标是实现评价和监控的关键步骤。这些指标应当能够客观反映学生在思政教育方面的水平和能力，以便进行评价和监控。

（一）社会责任感

1. 参与公益活动的频率和持续时间

教育者应当量化学生参与公益活动的次数和每次活动的持续时间，以评估学生对社会问题的关注程度和参与度。通过统计学生参与公益活动的频率和时长，可以客观地了解他们在社会责任方面的表现和投入程度。这种量化评估可以基于学生的志愿服务记录、社团活动参与情况等数据进行，从而为学生的社会责任感评估提供具体的参考依据。教育者可以设立相应的数据统计和记录系统，及时跟踪和分析学生的参与情况，为其提供更加个性化和针对性地指导和支持。

2. 参与社会实践活动的情况

教育者应量化学生参与社会实践活动的情况，包括活动类型、时间和成果等方面的数据，以评估学生的实践能力和社会责任感。社会实践活动可以包括社会调研、志愿服务、社会实习等形式，通过这些活动，学生可以深入了解社会问题，积极参与解决社会问题的过程。教育者可以通过收集学生参与社会实践活动的相关证明材料、成果展示、参与报告等方式，对其实践能力和社会责任感进行量化评估。同时，教育者还可以结合学生的社会实践报告、自我评价等资料，对其在社会实践活动中的表现进行综合评价，从而全面了解学生的社会责任感发展情况，并提供相应的指导和支持。

通过以上量化评估方法，教育者可以更加客观地评估学生的社会责任感，及时发现问题并采取相应的措施进行引导和提升。这种量化评估不仅有助于学生对自己的社会责任感有清晰的认识，也能够激励他们更加积极地参与社会实践活动，为社会作出更多的贡献。

（二）民族精神

1. 对本民族文化的了解程度

教育者应量化评估学生对本民族文化的了解程度，包括语言、历史、传统文化等方面的掌握情况。这可以通过考察学生的语言水平、历史知识掌握情况、对传统习俗的了解等方式实现。例如，可以设置语言能力测试、历史知识考核、传统文化问卷调查等形式，评估学生对本民族文化的认同和传承能力。同时，教育者还可以结合课堂讨论、作业完成情况等实际表现，综合评估学生对本民族文化的了解程度，从而为其文化认同和传承能力提供相应的指导和支持。

2. 参与民族传统文化活动的情况

教育者应量化评估学生参与民族传统文化活动的情况，包括活动频率和方式等方面的数据。这可以通过记录学生参与节日庆祝、文化表演、传统技艺传承等活动的情况来实现。例如，可以统计学生参与各类文化活动的次数、参与方式（观众、表演者、志愿者等）、参与时长等信息，以反映学生对本民族文化的关注和参与程度。同时，教育者还可以收集学生参与文化活动的照片、视频、活动报告等资料，作为量化评估的依据，为学生的民族精神和文化传承能力评估提供客观的数据支持。

（三）法治意识

1.对法律法规的熟悉程度和遵守程度

教育者应采取量化方法评估学生对法律法规的熟悉程度和遵守情况。这可以通过多种途径实现，包括参与法律知识竞赛、法治教育活动等形式。教育者可以记录学生参与竞赛的成绩、参与活动的次数和表现，以及学生在学校和社区中的法律遵守情况。通过这些数据，可以评估学生对基本法律法规的了解程度和对法律的遵守情况。例如，可以设置针对法律知识的考试或问卷调查，以了解学生的法律知识掌握情况；同时，可以收集学生的违法违纪情况，了解其法律遵守情况。

2.对法治精神的理解和认同程度

教育者还应采取量化方法评估学生对法治精神的理解和认同程度。这可以通过学生参与法治教育课程、法治宣传活动等方式实现。教育者可以记录学生参与课程或活动的情况，包括参与次数、参与方式和反馈等信息。同时，可以通过问卷调查或小组讨论等形式，了解学生对法治理念的认识和认同程度。例如，可以设计问卷调查学生对法治精神的理解和看法，收集学生对法治的态度和看法，并加以分析和评估。

三、制定评价标准和评分体系

为了对学生的表现进行评价和打分，需要制定相应的评价标准和评分体系。这些标准和体系应当具体明确，能够客观公正地评价学生的思政教育水平和能力。

（一）社会责任感评价标准

1.参与公益活动的积极性

（1）高分

在公益活动中展现出极高的积极性和主动性。不仅自愿参与各类公益活动，还能够积极提出解决方案和创新思路，对社会问题有深入地思考和反思。此类学生通常对社会责任感和公益意识有着较高的认同，能够自觉地投身到公益事业中，并以实际行动践行社会价值观。

（2）中分

学生能够参与一定范围内的公益活动，但表现出的积极性和主动性相对较低。可能是由于对公益事业的认识尚不深刻，缺乏对社会问题的全面思考，导致参与活动的动力不足。此类学生在公益活动中的作用可能较为有限，需要进一步培养其对公益事业的兴趣和认同，以提高其积极性和参与度。

（3）低分

学生对公益活动缺乏兴趣和参与，表现出明显的消极态度。可能是由于对社会问题认识不足，或者个人利益观念较强，对公益事业缺乏认同感。此类学生通常需要更多地引导和激励，以增强其对公益事业的认同和参与意愿，从而提高其积极性和主动性。

2. 参与的频率和持续时间

（1）高分

表现出频繁参与公益活动，并且能够持续一段较长的时间。这类学生通常以公益活动为常态，积极参与各类志愿服务、社区活动等，持续关注和投入于社会问题的解决和解决。他们具有较强的社会责任感和使命感，愿意为社会公益事业贡献自己的力量，并且在实践中展现出持之以恒的行动。

（2）中分

学生偶尔参与公益活动，但缺乏持续性和连续性。可能是由于时间安排、兴趣等因素影响，导致参与公益活动的频率和持续时间不够稳定。这些学生在参与活动时表现出一定的积极性，但对于社会问题的关注程度不够深入，缺乏持续的行动力。

（3）低分

学生参与公益活动的频率和持续时间都较少。可能是由于对公益事业缺乏认同感或兴趣，导致其对社会问题的关注度不高，表现出较低的参与意愿和行动力。这类学生通常需要更多地引导和激励，以提高其对公益事业的认同感和参与度，从而增加其参与活动的频率和持续时间。

3. 对社会问题的认识和反思

（1）高分

学生对社会问题有着深入地认识和思考，能够理解问题的根源、影响以及可能的解决方案。他们能够从多个角度审视问题，并提出切实可行的解决方案。此外，高分学生还能够将自己的思考付诸行动，积极参与解决社会问题的实践活动，展现出强烈的社会责任感和行动力。

（2）中分

学生对社会问题有一定程度的认识和反思，但其思考可能相对表面，缺乏深度和全面性。他们可能能够简单地描述问题，但对于问题的深层次原因和影响可能认识不足。解决方案可能存在一定的局限性，缺乏实效性。在行动方面，中分学生的积极性可能较低，对于参与解决问题的实践活动并不主动。

（3）低分

学生对社会问题的认识较为肤浅，可能仅限于表面现象的描述，缺乏对问题背后原因和影响的深入理解。在反思方面，低分学生可能缺乏对问题的深度思考，对于提出解决方案的能力有所欠缺。在行动方面，他们可能缺乏行动意愿，对于参与解决社会问题的实践活动并不积极。

（二）民族精神评价标准

1. 对本民族文化的了解程度

（1）高分

高分学生对本民族文化的了解非常深入。他们具备对本民族语言、历史、传统文化等方面丰富的知识，并能够准确描述和解释相关内容。他们可能熟悉本民族的语言文字、重要历史事件、传统文化符号、宗教信仰等方面的知识，并能够从多个角度展现出对本民族文化的理解和欣赏。

（2）中分

中分学生对本民族文化有一定程度的了解，但其知识面相对较窄，了解程度不够深入。他们可能对本民族的某些方面有一定的了解，如部分历史事件、文化符号或节日庆祝等，但在整体上了解不够全面。中分学生可能能够描述一些基本概念和现象，但可能缺乏对其深层含义和历史演变的理解。

（3）低分

低分学生对本民族文化了解甚少，可能缺乏相关知识和理解。他们可能对本民族的语言、历史、传统文化等方面的知识了解有限，甚至可能对本民族的基本文化特征都不太了解。在描述和解释本民族文化时可能表现出明显的不足，甚至存在一定程度的误解或错误。

2. 对民族精神的认同程度

（1）高分

高分学生对民族精神有着较高的认同度。他们自觉传承和弘扬民族传统文化，深深热爱自己的民族，并愿意为民族的发展和繁荣作出积极的贡献。他们可能积极参与民族文化活动，如传统节日庆祝、文化表演、传统技艺传承等，表现出对民族文化的尊重和热爱。

（2）中分

中分学生对民族精神有一定的认同，但缺乏深刻理解和行动意愿。他们可能对民族传统文化有一定的了解，但在实际行动上表现出的积极性和投入程度可能较低。中分学生可能对民族文化持有一种中立或模糊的态度，对传统文化的传承和弘扬缺乏明确的目标和行动计划。

（3）低分

低分学生对民族精神的认同度较低。他们可能对民族传统文化缺乏兴趣和认同，对民族精神的传承和发展持有冷漠或消极的态度。低分学生可能更倾向于接受现代化的生活方式和文化影响，对传统文化的认同感较低，甚至可能存在对本民族文化的偏见或误解。

3.对传统文化的传承和发展

（1）高分

高分学生积极参与传统文化活动，自觉传承和发展民族传统文化。他们可能具有一定的传统技艺和知识，对传统文化的重要性有清晰地认识，并致力于将其传承给后代。高分学生可能参加传统文化节日庆祝、学习传统技艺、参与传统文化表演等活动，展现了对传统文化的热爱和尊重。

（2）中分

中分学生对传统文化的传承和发展关注程度较低。虽然他们可能有一定的了解和兴趣，但参与传统文化活动的频率较少。中分学生对传统文化的重要性认识可能不够深刻，对其传承和发展缺乏积极的行动。他们可能会偶尔参加一些传统文化活动，但缺乏持续性和深度。

（3）低分

低分学生对传统文化传承和发展缺乏兴趣和行动。他们对传统文化的了解有限，可能对传统文化持有冷漠或消极的态度。低分学生可能更倾向于接受现代化的生活方式和文化影响，对传统文化的传承和发展关注度较低。

（三）法治意识评价标准

1.对法律法规的熟悉程度

（1）高分

高分学生对法律法规有较深入的了解，能够准确解释主要法律法规，并能够将其灵活运用于实际问题中。他们可能参加过法律知识竞赛、法律辩论等活动，对法律素养有较高的要求和自觉。高分学生具有扎实的法律基础知识，能够理解法律的逻辑和体系，具备一定的法治观念和法律素养。

（2）中分

中分学生对部分法律法规有一定了解，但了解程度相对有限。他们可能在学校课程中接触到了一些法律知识，但对法律的综合理解和应用能力有待提高。中分学生可能需要进一步加强对法律法规的学习和实践，提高自己的法律素养和法治观念。

（3）低分

低分学生对法律法规了解甚少，缺乏基本的法律素养和法治观念。他们可能对法律知识缺乏兴趣，或者没有得到足够的法律教育和培养。低分学生可能需要通过加强法律教育和增强法治意识，逐步提升自己的法律素养水平。

2. 对法治精神的理解和认同程度

（1）高分

高分学生对法律法规有较深入的了解，能够准确解释主要法律法规，并能够将其灵活运用于实际问题中。他们可能参加过法律知识竞赛、法律辩论等活动，对法律素养有较高的要求和自觉。高分学生具有扎实的法律基础知识，能够理解法律的逻辑和体系，具备一定的法治观念和法律素养。

（2）中分

中分学生对部分法律法规有一定了解，但了解程度相对有限。他们可能在学校课程中接触到了一些法律知识，但对法律的综合理解和应用能力有待提高。中分学生可能需要进一步加强对法律法规的学习和实践，提高自己的法律素养和法治观念。

（3）低分

低分学生对法律法规了解甚少，缺乏基本的法律素养和法治观念。他们可能对法律知识缺乏兴趣，或者没有得到足够的法律教育和培养。低分学生可能需要通过加强法律教育和增强法治意识，逐步提升自己的法律素养水平。

3. 遵守法律法规的表现

（1）高分

高分学生严格遵守法律法规，自觉维护社会秩序，从不违法乱纪，表现出良好的法治素质。他们对法律的尊重和遵从是自发的，能够正确理解法律的重要性，并将法律作为自己行为的准则和约束。高分学生可能会自觉参与法律宣传和教育活动，以示对法治的支持和拥护。

（2）中分

中分学生一般情况下能够遵守法律法规，但在某些方面存在偶尔违法现象，法治观念有待进一步加强。他们对法律的认识和尊重程度尚可，但在特定情况下可能会因为个人兴趣、便利或者其他因素而偏离法律规定。中分学生可能需要加强法律教育和法治观念的培养，提高自己的法律意识和遵从程度。

（3）低分

低分学生经常违反法律法规，缺乏法律意识和法治观念，对法律权威不予尊重，存在较大的法律风险。他们可能对法律的认识和尊重程度较低，对违法行为缺乏足够的警惕性，容易陷入违法乱纪的行为之中。低分学生需要通过法治教育和法律教育的强化，提高对法律的认识和遵守程度，减少违法行为的发生。

第二节　教学过程的监控与评估

一、实施教学过程的实时监控

（一）课堂观察

在课堂上，教师需要通过仔细观察学生的学习状态和表现来获取关键信息。这种观察可以包括以下几个方面。

1. 学生的专注程度

在"互联网+"时代，评估高校思政教学质量时，学生的专注程度是一个重要的评价指标。在课堂上，教师可以通过观察学生的专注程度来评估他们的学习态度和投入程度。专心听讲、积极思考的学生往往表现出较高的专注度，而分散注意力、漫不经心的学生则可能需要额外的引导和关注。

首先，教师可以通过观察学生的目光来判断其专注程度。专注的学生通常会眼神坚定，目光集中在教师或者课件上，表现出对教学内容的高度关注。他们可能会眉头紧锁，或者微微张开嘴巴，表示对所听内容的深度思考。相反，不专注的学生可能会频繁地转移视线，打瞌睡或者四处张望，表现出对课堂内容的漠不关心。

其次，教师还可以观察学生的姿势来评估其专注程度。专心听讲的学生往往会保持端正的坐姿，身体稍微前倾，手放在桌子上或者在笔记本上做记录。他们可能会不时地点头表示理解或者与教师互动。而不专注的学生可能会懒散地靠在椅子上，或者摆弄手机、书籍等物品，缺乏对课堂的关注和投入。

最后，教师还可以通过观察学生的脸部表情来评估其专注程度。专注的学生通常会面带微笑或者认真的表情，表现出对课堂内容的积极态度和兴趣。而不专注的学生可能会表现出无聊、冷漠或者困倦的表情，缺乏对课堂内容的认真对待和投入。

2. 学生的参与度

在"互联网+"时代，高校思政教学质量评估中，学生的参与度是一个至关重要的指标。教师可以通过观察学生是否积极参与课堂活动来评估他们的参与度。学生积极回答问题、提出疑问，以及参与课堂讨论和活动，通常表明其具有较高的参与度。因此，观察学生的言行举止和表现，可以帮助教师了解每个学生在课堂上的参与情况，有针对性地进行引导和鼓励。

首先，教师可以通过学生的言谈举止来评估其参与度。在课堂上，积极参与的学生通常会表现出活跃的态度和行为。他们可能会主动举手回答问题，提出自己的见解和疑问，与教师和同学进行积极地交流和互动。此外，他们还可能会参与到课堂讨论和小组活动中，分享自己的观点和经验，促进思想碰撞和学习成长。相反，参与度较低的学生可能会表现出消极、被动的态度，缺乏对课堂内容的兴趣和投入，往往默默地坐在座位上，不愿与他人交流或者参与课堂活动。

其次，教师还可以通过学生的课堂表现来评估其参与度。积极参与的学生往往会在课堂上展现出较高的注意力和专注度。他们可能会认真听讲，做好笔记，积极思考和理解教学内容。在课堂讨论和活动中，他们可能会展现出较强的表达能力和组织能力，为课堂活动的顺利进行作出贡献。相反，参与度较低的学生可能会表现出分散注意力、漫不经心的态度，往往无法集中精力听讲，甚至可能出现打瞌睡、玩手机等情况，影响了课堂的教学效果和氛围。

3. 学生的互动情况

在"互联网+"时代，高校思政教学质量评估中，学生的互动情况是一个至关重要的指标。课堂互动对于学生的学习至关重要，因为它有助于促进学生之间的交流和合作，提高学习效果。教师可以通过观察学生之间的交流和互动，以及学生与教师之间的互动，来了解课堂氛围和学生之间的学习互动情况，从而评估课堂互动的效果和质量。

首先，教师可以观察学生之间的交流和互动情况。在课堂上，积极的学生通常会与同学之间进行交流和讨论，分享自己的见解和经验，提出问题和疑惑。他们可能会组成小组，共同完成课堂任务或者讨论课题，互相帮助和支持。通过观察学生之间的交流方式、沟通频率以及反馈情况等，教师可以了解学生之间的互动程度和质量。积极的学生之间可能会展现出活跃的交流氛围，频繁地互动和讨论，为课堂增添了活力和动力。

其次，教师还可以观察学生与教师之间的互动情况。在课堂上，学生与教师之间的互动是十分重要的，因为它能够促进学生对知识的理解和掌握。积极的学生通常会积极提问，主动与教师互动，表达自己的观点和看法。他们可能会对教师的提问积极回答，或者就课堂内容提出自己的疑问和思考。通过观察学生与教师之间的互动情况，教师可以了解学生对课堂内容的理解程度，及时进行补充和解答，提高教学效果和学习质量。

（二）学生反馈

利用现代科技手段收集学生的反馈意见是实施教学过程实时监控的重要途径。以下是一些常用的学生反馈渠道和方法：

1. 在线问答平台

教师可以利用各种在线问答平台，如课堂问答工具或在线学习平台，与学生进行即时的交流和互动。通过在课堂上提出问题，或在课后通过在线平台发起讨论，教师可以收集学生对课程内容、教学方法和学习体验的看法和建议。这种方式具有实时性强、互动性好的特点，可以有效地获取学生的反馈意见。

2. 教学评价软件

教学评价软件是另一种常用的学生反馈渠道，通过向学生发送课堂评价问卷，教师可以收集学生对课堂教学的评价和建议。这些问卷通常包括对教学内容、教学方法、教师表现等方面的评价，学生可以根据自己的学习体验和感受进行评价，并提出改进建议。教师可以根据评价结果，及时调整教学策略，满足学生的学习需求。

通过学生的反馈意见，教师可以了解学生对课堂内容和教学方法的理解程度和接受度，发现问题并及时调整教学策略。

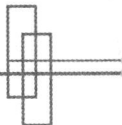

（三）教学记录

在"互联网+"时代，高校思政教学质量评估中，教学记录是一个至关重要的环节。及时记录课堂教学过程中的关键信息对于后续的教学评估和调整具有重要意义。教师可以记录以下内容：

1. 教学内容

（1）教学内容的设置和重点

教师应当记录课堂所涉及的教学内容和重点。这包括教材内容、讲解内容、案例分析等。通过记录教学内容，可以确保课堂教学的连贯性和完整性，同时为后续的教学评估提供重要依据。

（2）教学方法和手段

除了教学内容，教师还应记录所采用的教学方法和手段。这包括讲授、讨论、案例分析、互动环节等。记录教学方法和手段有助于评估教学过程中的教学效果，并为后续的教学调整提供参考。

2. 学生表现

（1）学生回答和提问情况

教师应记录学生在课堂上的回答和提问情况。这包括学生对教师提出的问题的回答情况，以及学生自发提出的问题和疑问。通过记录学生的回答和提问情况，可以了解学生对教学内容的理解程度和学习态度。

（2）学生参与情况

教师还应记录学生在课堂上的参与情况。这包括学生在讨论、小组活动等互动环节中的参与情况，以及学生对课堂内容的反应和表现。通过记录学生的参与情况，可以及时发现学生的学习困难和问题，并给予及时的指导和帮助。

3. 互动情况

（1）学生之间的互动情况

教师应记录学生之间的互动情况，包括学生之间的讨论、合作、互相交流等情况。通过观察和记录学生之间的互动情况，可以了解课堂氛围和学生之间的学习互动情况，为教学改进提供参考。

（2）学生与教师之间的互动情况

教师还应记录学生与教师之间的互动情况，包括学生对教师提出的问题的回答情况，以及教师对学生提问的回答和反馈情况。通过记录学生与教师之间的互动情况，可以评估教学效果和教学质量，及时发现问题并进行改进。

二、进行定期的教学评估和反馈

（一）课堂测验

1. 设计合理的测验内容

（1）基于教学大纲和目标

教师在设计测验内容时应当充分考虑教学大纲和教学目标，确保测验内容与课程的重点知识点和核心理念相一致。这样设计的测验内容能够更准确地评估学生对思政课程内容的掌握情况。

（2）涵盖多个方面

测验内容应当涵盖思政课程的多个方面，包括理论知识、现实案例、思想观点等。通过多方面的内容设置，可以全面评估学生对思政课程的理解和应用能力。

（3）具有代表性和权威性

测验内容应当具有代表性和权威性，能够反映思政课程的核心内容和重要观点。教师可以结合教材内容、课堂讲义、相关文献等资源，设计具有权威性的测验题目。

2. 灵活多样的测验形式

（1）选择题

选择题是一种常见的测验形式，可以涵盖广泛的知识点，便于快速评估学生的基础知识掌握情况。

（2）填空题

填空题可以考查学生对知识点的理解和记忆能力，适合于考察思政课程中的重要概念和术语。

（3）解答题

解答题可以考查学生的思考能力和表达能力，适合于考察思政课程中的理论深度和应用能力。

（4）案例分析题

案例分析题可以结合实际案例，考查学生对思政理论的理解和应用能力，适合于培养学生的分析思维和综合能力。

3. 及时分析评价结果

（1）定期进行评估

教师应当定期组织课堂测验，并及时对学生的测验成绩进行评估和分析。这

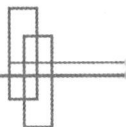

有助于及时发现学生的学习困难和问题，为后续的教学调整提供依据。

（2）差异化评价

教师可以根据学生的不同水平和学习特点，灵活地进行差异化评价。针对成绩较好的学生，可以给予肯定和鼓励；针对成绩较差的学生，可以提供个性化的指导和辅导。

（3）与学生进行反馈

教师应当与学生进行及时的成绩反馈，帮助他们了解自己的学习情况和不足之处。通过与学生的交流和沟通，可以促进学生的自我反思和进步，提高学习效果和学习质量。

（二）问卷调查

1. 设计科学的问卷内容

在进行问卷调查时，教师应当设计科学合理的问卷内容，涵盖教学内容、教学方法、教师教学态度等方面。问卷内容应当具有代表性和针对性，能够全面了解学生对教学过程的看法和反馈意见。

2. 注重问卷调查的实施方法

在进行问卷调查时，教师应当注重调查的实施方法，包括问卷发放的时间、方式和对象等。可以通过线上平台或纸质问卷的形式，向学生发放问卷，并设定合理的填写时间，确保问卷调查的有效性和可信度。

3. 充分利用问卷调查结果

教师应当充分利用问卷调查的结果，及时分析和总结学生的反馈意见，发现问题和改进不足。通过针对性地调整教学内容和教学方法，及时回应学生的需求和意见，提高教学质量和学生的学习体验。

（三）学生作业

1. 确定明确的作业要求

在布置学生作业时，教师的确需要确定明确的作业要求。这些要求应当涵盖作业的内容、形式、截止时间等方面，确保与教学目标相一致，并且能够有效地评估学生对课程内容的理解和掌握程度。

第一，作业的内容要求应当清晰明确，与课程内容和教学目标密切相关。教师可以通过作业要求明确指定学生需要掌握的知识点、理论观点或实践技能，确保学生能够在完成作业的过程中对课程内容进行深入理解和运用。例如，作业要求可以涉及课堂讲授内容的复述、案例分析、独立思考等，以加强学生对知识的理解和运用能力。

第二，作业的形式要求也应当明确规定，以确保学生按照要求完成作业，并且方便教师进行评价。不同形式的作业可能包括但不限于文字作业、报告、实验报告、小组讨论、项目设计等。教师可以根据课程特点和教学目标选择合适的作业形式，鼓励学生运用多种技能和方法进行学习和表达。

第三，作业的截止时间也是作业要求中的重要部分。教师需要明确规定作业的提交时间，以便学生能够合理安排时间完成作业，并且能够及时地进行评价和反馈。同时，作业截止时间也可以帮助学生养成良好的时间管理和自我约束能力，提高学习效率和质量。

2. 提供及时有效的反馈

教师在教学过程中应当高度重视及时有效地反馈，特别是对学生的作业。及时批改学生的作业并给予具体明确的反馈意见对于学生的学习发展至关重要。这种反馈不仅有助于学生发现和改正错误，提高学习效果和能力水平，也能够激发学生的学习兴趣和积极性，促进其全面发展。

第一，及时地反馈有助于学生及时发现和改正错误。当学生提交作业后，教师应尽快批改，并针对学生的表现给予具体的反馈意见。这些意见可以包括对作业中出现的错误、不足之处的指正，以及对学生表现优点的肯定和鼓励。通过及时地反馈，学生可以及时了解自己的学习状况，及时纠正错误，不断提高学习效果和能力水平。

第二，有效的反馈应当具体明确，帮助学生准确理解问题所在。教师在给予反馈意见时，应尽量具体地指出学生作业中存在的问题，并提出改进的建议和方法。这样的反馈不仅有利于学生准确理解问题所在，也有助于他们更好地理解课程内容和掌握学习方法。

第三，教师还可以根据学生的作业表现，调整后续的教学内容和教学方法，以更好地满足学生的学习需求和提高教学效果。通过对学生作业的分析和反馈，教师可以了解学生的学习情况和水平，及时调整教学策略，针对性地进行教学，提高教学的针对性和有效性。

3. 激发学生学习兴趣

激发学生的学习兴趣是教学工作中的重要任务之一。通过设计有趣、有挑战性的作业内容，教师可以有效地激发学生的学习兴趣和动力，增强他们的学习积极性和主动性。同时，教师还可以通过鼓励学生展示自己的作业成果，提高学生的学习自信心和学习成就感，进一步促进其学习兴趣的培养和提升。

第一，设计有趣、有挑战性的作业内容是激发学生学习兴趣的有效途径之一。教师可以根据学生的兴趣爱好和学习水平，设计富有创意和趣味性的作业任务，激发学生的好奇心和探索欲。例如，可以设计一些具有实践性和探究性的作业任务，让学生参与到真实的问题解决过程中，培养他们的动手能力和解决问题的能力。

第二，通过增加作业的挑战性，可以激发学生的学习动力和积极性。教师可以设置一些较难的作业任务，让学生在解决问题的过程中感受到挑战和成就感，激发他们的学习热情。挑战性作业可以帮助学生克服困难，提高解决问题的能力，培养学生的毅力和坚持性。

第三，教师还可以鼓励学生展示自己的作业成果，提高学生的学习自信心和学习成就感。通过展示作业成果，学生可以得到他人的认可和鼓励，增强他们的自信心和自尊心，进而激发其对学习的兴趣和热情。同时，学生的优秀作业成果也可以为其他同学树立榜样，激励他们努力学习，提高学习的积极性和主动性。

第三节　教学效果的评价与改进

一、进行综合性的教学效果评价

（一）设立明确的教学目标和指标

1. 确立清晰的教学目标

在设计思政课程时，确立清晰的教学目标是至关重要的，因为这些目标直接关系到学生的思想观念、价值观念以及社会责任感的培养和提升。思政课程的教学目标应当立足于培养学生全面发展的社会主义建设者和接班人的素质，具体来说，可以包括以下几个方面。

第一，培养学生的法治意识是思政课程的重要目标之一。法治意识是指学生对法律法规和法治精神的认识和理解，是学生遵守法律、尊重法律、依法行事的内在动力。通过思政课程，学生应当能够深刻理解法治的重要性，认识到法律是维护社会秩序和保障人民权益的基础，从而树立正确的法治观念，自觉遵守法律法规，增强法律意识和法治素养。

第二，培养学生的民族精神是思政课程的另一个重要目标。民族精神是指学生对本民族的历史、文化、传统和精神价值的认同和传承，是激发学生爱国情怀和民族自豪感的重要内涵。通过思政课程，学生应当能够深入了解和认识本民族的优秀传统文化，弘扬民族精神，增强民族自信心，培养爱国情怀和强烈的民族责任感。

第三，培养学生的社会责任感也是思政课程的关键目标之一。社会责任感是指学生对社会问题和社会发展的关注和担当，是培养学生成为有担当、有情怀、有责任的社会主义建设者和接班人的内在要求。通过思政课程，学生应当能够认识到自己作为社会成员应当承担的责任和义务，积极参与社会公益活动，关心社会民生，为社会和谐稳定作出贡献。

2. 制定具体的评价指标

为了量化评价教学效果，必须制定具体的评价指标，以客观地反映学生在思政教育方面的学习成果和能力水平。这些评价指标应与教学目标相一致，并覆盖思政教育的各个方面。

第一，针对法治意识，评价指标可以包括学生对法律法规的掌握程度。这可以通过学生的法律知识测试、法律案例分析、法律实践活动等方式来衡量。例如，可以评估学生对基本法律知识的理解程度、法律适用能力以及法治精神的内化程度。

第二，针对民族精神，评价指标可以包括学生对本民族文化的了解程度。这可以通过学生的民族文化知识考核、民族传统文化活动参与情况、民族精神表现等方面来评估。例如，可以评估学生对本民族历史、传统文化、语言文字、民俗习惯等方面的了解程度，以及对本民族文化的认同和传承意识。

第三，针对社会责任感，评价指标可以包括学生参与公益活动的积极性。这可以通过学生参与公益活动的频率、持续时间、参与活动的方式等方面来评估。例如，可以评估学生参与志愿服务、社区建设、环保活动等公益活动的情况，以及对社会问题的关注和参与程度。

（二）采用综合评价方法

1. 定量与定性评价的结合

在教育评价中，结合定量和定性评价是确保评价全面客观的重要手段。定量评价主要基于量化指标，如学生成绩、考试通过率等，能够提供直观、客观的数据支持。然而，仅仅通过定量指标评价教学效果可能存在一定局限性，无法充分反映学生的综合表现及教学质量的全貌。因此，定性评价在综合评价中起到了补充和丰富的作用。

定性评价通过观察、调查、访谈等方式获取数据，主要包括学生问卷调查、教师评价、课堂观察等。这些方法能够深入了解学生的学习态度、思维能力、交流能力等方面的情况，从而为评价提供更加细致、立体的信息。例如，通过学生问卷调查可以了解学生对教学内容的理解程度和兴趣度，通过课堂观察可以评估教学过程中的互动情况和教师的教学方法是否得当。因此，定量评价和定性评价相辅相成，共同构建起全面客观的评价体系。

2. 考虑学生的综合素养

教育的目标不仅在于传授知识，更重要的是培养学生的综合素养，包括思想觉悟、社会责任感、创新能力等。因此，在综合评价中除了考虑学生的学习成绩外，还应充分考虑他们的综合素养表现。

首先，思想觉悟是评价学生的重要方面之一。学生是否具有正确的人生观、价值观，是否能够独立思考、批判思考，都是评价的关键点。通过定性评价方法，可以观察学生在课堂讨论、作业完成等过程中的思想表达能力和批判性思维水平，从而评估其思想觉悟的情况。

其次，社会责任感也是综合素养的重要组成部分。学生是否具有社会责任感，是否能够积极参与社会实践活动，是评价学生的重要标准之一。通过定性评价方法，可以了解学生在社会实践活动中的参与度、贡献度和成果，从而评估其社会责任感的程度。

最后，创新能力也是评价学生的重要指标之一。在当今社会，创新能力被认为是一种核心竞争力，能够帮助学生在未来的职业生涯中取得成功。因此，综合评价中应当考虑学生的创新能力表现，例如通过学生的创业项目、科研成果等来评估其创新能力水平。

二、分析评价结果，确定改进措施

（一）深入分析问题和不足

1. 教学内容设置不合理

教学内容的合理设置直接影响着教学效果的质量。若评价结果显示教学内容存在不合理之处，可能是因为内容设置过于繁杂或难度不够适宜，这会导致学生的学习兴趣降低，理解能力受限，进而影响学习效果。深入分析这一问题，需要细致审视教学内容的编排和组织，是否符合学生的学习需求和实际水平。例如，是否能够引发学生的兴趣和好奇心，是否能够循序渐进地帮助学生建立知识体系。另外，还需要考虑教学内容与教学目标的匹配度，以及与学生背景知识的衔接情况。通过调整教学内容的设置，使其更加贴近学生的实际需求，并结合不同学生的特点和学习能力进行个性化设置，可以有效提升教学效果。

2. 教学方法不够有效

教学方法的有效性直接影响着学生的学习效果和学习体验。如果评价结果显示教学方法存在问题，如不够生动有趣、缺乏多样性、互动性不足等，就需要深入分析其原因，并寻找改进的途径。首先，可能是因为教师对于不同教学方法的选择和运用不够灵活或不够了解学生的实际需求。因此，教师可以通过进一步了解学生的学习特点和兴趣爱好，以及不同教学方法的特点和适用场景，有针对性地调整教学方法，提升其吸引力和有效性。其次，可能是因为教学资源和设施的限制，导致教师在教学过程中难以灵活运用多样化的教学方法。因此，学校可以加大对于教学资源的投入，提供更多样化、丰富化的教学设施和工具，为教师创造更好的教学环境和条件。

3. 学生参与度不高

学生的积极参与是促进学习效果的重要保障。如果评价结果显示学生的参与度不高，可能是由于课堂氛围不活跃、教学方式单一、学生主动性不足等原因造成的。为解决这一问题，教师可以通过创设积极、活跃的教学氛围，激发学生的学习热情和主动性。例如，可以采用多种教学方法和手段，如小组讨论、角色扮演、案例分析等，增加课堂互动和参与度；同时，教师还可以鼓励学生表达自己的观点和想法，充分发挥学生的主体作用，提高其参与度和投入度。此外，学校和教师还可以通过设置奖励机制或者开展课外活动，激励学生参与到学习中来，提升其学习动力和积极性。

（二）制定针对性地改进措施

1. 调整教学内容和教学方法

在"互联网+"时代下，高校思政教育需要紧跟时代潮流，调整教学内容和教学方法，以适应学生的学习需求和社会发展的要求。针对教学内容设置不合理和教学方法不够有效的问题，可以采取一系列策略。

第一，针对教学内容，需要进行深度和广度的调整，突出重点，使其更贴近学生的实际需求和兴趣。在"互联网+"时代信息爆炸的情况下，思政教育内容应注重精简和精华。教学内容可以通过增加案例分析和实践应用环节，使之更具体、更生动，能够与学生的日常生活和社会实践相联系。例如，可以引入当前社会热点事件或者典型案例，通过分析案例，引导学生思考、探讨相关的伦理、道德和价值观，从而增强学生的思辨能力和判断力。此外，可以通过实践活动，如社会调研、参观实地、志愿服务等，让学生亲身感受和体验思政理论的实际应用，增强其对思政教育的认同和理解。

第二，针对教学方法，需要采用更加生动有趣、互动性更强的教学方式，激发学生的学习兴趣和参与度。在"互联网+"时代，学生对于信息的获取和传播方式已经发生了巨大变化，传统的课堂教学方式已经不能完全满足学生的需求。因此，教师可以尝试采用更加多样化和灵活的教学方法，如小组讨论、案例分析、角色扮演、游戏化教学等，以增加课堂的互动性和趣味性。通过小组讨论，可以激发学生的思维碰撞和观点交流，促进彼此之间的学习和共享；通过案例分析，可以将抽象的思政理论联系到具体的实际情境中，增强学生的理解和应用能力；通过角色扮演，可以让学生身临其境地体验和感受不同角色的情感和挑战，增强他们的情感认同和思考深度。此外，还可以尝试引入互联网和多媒体技术，结合线上线下教学资源，打破时空限制，提供更加丰富和多样化的学习体验。

2. 提高教学资源的丰富度和多样性

在"互联网+"时代，高校思政教育需要充分利用现代化技术手段，提高教学资源的丰富度和多样性，以提升教学的吸引力和有效性。一种重要的方法是通过引入更多的教学资源，如教学课件、教学视频、多媒体资料等，来丰富教学内容，使之更具生活化和实践性，从而激发学生的学习兴趣和动力。

第一，教学课件是教学过程中不可或缺的重要资源。在"互联网+"时代，教学课件可以通过网络平台进行在线制作和共享，为教师提供了更多的选择和便利。教师可以根据课程内容和教学目标，利用多媒体技术，设计制作丰富多彩的教学课件，包括文字、图片、音频、视频等形式，以呈现更生动、直观的教学内容。通过教学课件，可以将抽象的思政理论转化为具体的案例和实例，使之更具有可感知性和实践性，有助于引发学生的兴趣和好奇心，提高他们的学习效果。

第二，教学视频是另一种丰富教学资源的重要形式。在"互联网+"时代，视频技术的普及和发展使得教学视频成为一种越来越受欢迎的教学方式。教师可以利用视频资源，录制和制作与思政教育相关的教学视频，包括课程介绍、案例分析、名人演讲、实地考察等内容，以丰富教学形式，提供多样化的学习体验。通过教学视频，学生可以在课堂之外随时随地观看和学习，加深对知识内容的理解和掌握，增强学习的灵活性和自主性。

第三，多媒体资料也是丰富教学资源的重要组成部分。在"互联网+"时代，多媒体技术的应用已经十分普遍，包括图片、音频、动画等形式。教师可以通过收集和整理相关的多媒体资料，如图片库、音频库、动画库等，为教学提供更多样化和生动化的辅助材料。例如，可以利用图片和动画来展示思政理论的概念和原理，通过音频来播放名人演讲或者经典音乐，以吸引学生的注意力和提高教学效果。

3. 加强课堂管理和互动环节

在"互联网+"时代，高校思政教育需要更加注重课堂管理和互动环节的设计，以提高学生的参与度和学习效果。针对学生参与度不高的问题，加强课堂管理是至关重要的一步。通过有效的管理措施，营造积极活跃的学习氛围，为课堂互动的展开提供良好的环境。

首先，课堂管理需要注重规范和秩序的建立。教师可以制定明确的课堂纪律和行为规范，向学生明确表达对于课堂秩序的要求，并严格执行。例如，教师可以要求学生按时到课、保持安静听讲、尊重他人等，同时对于违反纪律的行为及时予以批评和处理，以维护课堂的正常秩序。此外，教师还可以通过设立签到、点名等形式，监督学生的课堂出勤情况，增强学生的责任感和参与意识。

其次，课堂管理也需要注重课堂氛围的营造。教师可以通过灵活多样的教学方式和活动，激发学生的学习兴趣和积极性，使课堂充满活力和活跃。例如，教师可以引入一些趣味性的教学活动，如游戏、案例分析、小组讨论等，以吸引学生的注意力和参与度；同时，教师还可以通过赞扬和鼓励学生的积极表现，增强学生的自信心和学习动力，营造积极向上的学习氛围。

除了加强课堂管理外，增加课堂互动环节也是提高学生参与度的关键。教师可以设计丰富多彩的互动环节，鼓励学生积极参与课堂讨论和活动，促进学生之间的交流和合作，从而提高学习效果。例如，可以设置问题解答环节，让学生自由发言并交流彼此的观点和想法；还可以组织小组讨论或者角色扮演活动，让学生在合作中学习、交流、成长，培养团队合作意识和沟通能力。通过这些互动环节，学生不仅能够更加积极地参与到课堂学习中来，还能够深入理解和运用所学知识，提高学习效果和质量。

第七章　"互联网＋"时代下高校思政教学模式的实践与探索

第一节　实施方案的设计与实施

一、树立"互联网＋"教育理念

（一）制定详细的实施计划

1.任务分解与责任分工

在树立"互联网＋"教育理念的实施过程中，任务的分解与责任分工至关重要。这一过程需要系统性地考虑各项任务的具体内容、执行步骤以及责任人员的职责，以确保整个实施计划的顺利进行和高效完成。

第一，对于网络技术的应用范围和方式，需要进行深入地分析和讨论。这包括确定使用哪些网络技术和工具，以及它们在教学中的具体应用场景和功能。在这一任务中，可以指定专门的技术团队负责研究和评估各种网络技术的优缺点，制定相应的应用策略和操作规范。

第二，教学平台的建设和维护是整个"互联网＋"教育实施过程中的关键环节。这需要确保教学平台的稳定性、安全性和用户友好性，以满足师生的教学需求。在这一任务中，可以设立专门的团队负责教学平台的搭建、测试、维护和更新工作，并明确各个团队成员的具体职责和工作流程。

第三，教师培训也是至关重要的一环。教师在"互联网＋"教育模式下需要掌握新的教学技能和方法，适应新的教学环境。因此，需要制定教师培训计划，包括培训内容、培训形式和培训时间等，以确保教师能够及时有效地掌握所需的技能和知识。

四是，教学资源的开发也是"互联网＋"教育实施过程中的重要任务之一。这包括制作教学视频、设计在线课件、准备教学案例等工作。在这一任务中，可以成立专门的教学资源开发团队，负责收集整理教学资源、设计制作教学材料，并确保其质量和适用性。

2. 时间节点的制定

在实施"互联网＋"教育计划时，明确各项任务的时间节点至关重要，这有助于确保项目按时完成，提高整体效率和管理水平。制定合理的时间节点需要考虑任务的复杂程度、依赖关系以及资源可用性等因素，以确保时间安排的合理性和可行性。

首先，对于网络平台建设而言，时间节点的制定应该从项目的规划和准备阶段开始。在这一阶段，需要进行需求分析、技术评估和方案设计等工作，以确定网络平台的功能和架构。随后，可以制定具体的开发和实施计划，确定每个阶段的工作内容和时间节点。例如，确定平台设计和开发的时间周期，安排测试和优化的时间，以及最终上线和推广的时间节点。在制定时间节点时，需要考虑到技术开发的复杂性和不确定性，合理留出缓冲时间，以应对可能的延迟和调整。

其次，教师培训是"互联网＋"教育计划中至关重要的一环。为确保教师能够及时掌握新的教学技能和方法，需要制定详细的培训计划，并确定培训的时间节点和周期。培训计划可以包括线上培训、线下培训、集中培训和分散培训等形式，以满足不同教师的需求和时间安排。同时，还需要安排培训的频率和持续时间，确保教师能够在规定的时间内完成培训任务，提升教学水平和能力。

最后，教学资源的开发和更新也需要制定明确的时间节点。这涉及教学材料的收集、制作和优化等工作，需要根据教学需求和实际进度来安排时间。例如，可以制定教学资源开发的时间表，确定每个阶段的工作内容和完成时间。同时，还需要定期更新和维护教学资源，确保其与课程内容和教学要求的匹配度，提高教学效果和质量。

3. 监督和反馈机制

在推进"互联网＋"教育计划的过程中，建立健全的监督和反馈机制至关重要。这样的机制不仅可以及时发现问题和风险，还能够有效地评估实施进展并收集各方意见，为计划的调整和优化提供重要参考。下面将详细介绍监督和反馈机制的建立和运作方式：

第一，监督机制的建立需要明确责任部门和监督人员。在高校内部，可以设立专门的管理团队或委员会，负责监督"互联网+"教育计划的实施情况。这个团队或委员会应该由相关部门领导和专业人士组成，确保对计划的全面监督和管理。同时，还可以委派专门的项目经理或监督员，负责具体的实施和监督工作。

第二，监督机制需要建立有效的信息收集和反馈渠道。可以通过定期召开会议、提交进度报告、开展现场检查等方式，收集各方面的信息和数据。同时，还可以利用现代信息技术，建立在线平台或系统，方便各级管理人员实时了解项目进展和问题反馈。此外，还可以设立监督举报渠道，鼓励师生和相关人员积极报告问题和意见建议，以便及时处理和解决。

第三，建立完善的评估机制，对"互联网+"教育计划的实施效果进行定期评估和审查。评估可以包括定量和定性的指标，如项目进度、资源投入、教学效果等方面的数据统计和分析。同时，还可以邀请第三方机构或专家参与评估，提供客观的评价和建议，为计划的调整和优化提供依据。

第四，建立反馈机制，及时回应各方意见和建议，促进问题的及时解决和改进措施的落实。可以通过定期发布通报、召开座谈会、开展调查问卷等方式，收集和汇总各方反馈意见，并及时回应和处理。同时，还可以建立问题跟踪和处理制度，确保问题能够及时得到解决，防止问题的进一步扩大和影响计划的顺利实施。

（二）落实教学任务

1.教师的积极参与和更新

教师的积极参与和不断更新是推动"互联网+"教育发展的关键因素之一。在落实教学任务的过程中，教师需要不断提升自己的网络教学能力，以适应信息化时代教育的需求。以下是教师积极参与和更新的几个方面：

首先，参加相关培训和研讨会是教师积极参与的重要方式之一。通过参加由教育机构、学术团体或企业举办的网络教学培训和研讨会，教师可以系统地学习和掌握网络教学的理论知识、技术方法和实践经验。例如，可以参加由教育部门或高校组织的线上教育培训课程，学习网络教学平台的使用技巧和教学设计方法。此外，还可以参加国际性的教育研讨会或学术会议，了解国际网络教育的最新发展趋势和先进经验，拓宽自己的视野和思路。

其次，积极参与教育技术的研究和实践是教师更新教学理念和方法的重要途径。教育技术是支撑"互联网+"教育发展的重要支柱，教师需要不断关注和研究教育技术的最新进展，掌握先进的教学工具和方法。例如，可以关注教育技术领域的学术期刊和研究论文，了解最新的教学理论和技术应用；还可以参与教育技术项目的研发和实施，积累实践经验并不断改进教学方法。通过不断地研究和实践，教师可以不断提升自己的网络教学水平，为学生提供更加优质的教育服务。

最后，积极参与教学实践和教学团队建设是教师更新教学理念和方法的重要途径之一。教师可以参与学校或学院组织的教学改革项目或团队，与其他教师共同探讨和分享教学经验，共同研究和解决教学中的问题。通过与同行的交流和合作，教师可以借鉴他人的教学经验和方法，发现自己的不足之处并加以改进，从而不断提高自己的教学水平。同时，教师还可以利用教学实践的机会，积累教学经验，探索适合自己的教学风格和方法，不断创新和改进教学模式，提升教学效果。

2. 学生的积极参与和适应

学生的积极参与和适应是"互联网+"教育实施过程中的重要环节。在这一新模式下，学生需要不仅具备传统教育所需的学习能力，还需要具备网络学习和信息获取能力，以更好地适应网络化学习环境和教学方式的变化。

第一，学生需要提高自己的网络学习能力。这包括熟练掌握网络学习工具和平台的使用方法，如在线课堂、电子教材、网络资源库等。学生应学会如何有效地搜索和筛选网络资料，以获取与学习任务相关的信息。此外，学生还应养成良好的网络学习习惯，如定时上网学习、认真完成在线作业、积极参与网络讨论等，以提高自己的学习效率和成果。

第二，学生需要提高自己的信息获取能力。在"互联网+"教育模式下，信息爆炸的时代已经到来，学生需要具备从海量信息中获取有用信息的能力。他们应该学会利用各种信息资源，如网络搜索引擎、在线数据库、学术期刊等，获取与学习任务相关的资料和信息。同时，学生还应学会对获取的信息进行分析和评估，判断信息的真实性和可靠性，以确保所获得的信息能够支持自己的学习和研究。

第三，学生还应积极参与在线学习和交流活动。在网络化的学习环境中，学生可以通过参与在线讨论、小组合作、网络问答等形式，与教师和同学进行交流和互动，分享学习心得和体会，解决学习中遇到的问题和困难。通过与他人的交流和合作，学生可以拓宽自己的学习视野，提高自己的学习效果和水平。

第四，学生还应主动反馈学习中遇到的问题和困难，与教师共同探讨解决方案。在网络化学习环境中，学生可能会面临技术问题、学习困难等挑战，需要及时向教师反馈，并与教师共同探讨解决方案。教师可以根据学生的反馈意见，及时调整教学策略和方法，促进教学效果的提升。同时，学生还可以通过课程评价、在线问卷调查等方式向教师反馈学习体验和意见建议，为教师提供改进教学的参考依据。

3.教学任务的持续推进

教学任务的持续推进是"互联网+"教育实施过程中的重要环节。在这一过程中，教育机构需要不断地评估和调整教学方案，以确保教学工作能够顺利进行并取得良好的效果。以下是实现教学任务持续推进的几个关键步骤：

（1）定期评估教学效果

教育机构应定期对教学效果进行评估，以了解教学过程中的优势和不足之处。评估可以通过学生考试成绩、课堂表现、教学反馈等方式进行。通过评估结果，可以及时发现问题并采取相应的措施加以解决，从而提高教学质量。

（2）收集反馈意见

教育机构应积极收集学生和教师的反馈意见，了解他们对教学内容、方法和环境的看法和建议。学生的反馈意见可以通过课程评价、问卷调查等形式收集，而教师的反馈意见则可以通过教学日志、座谈会等方式获得。收集到的反馈意见可以为教学的调整和优化提供重要参考。

（3）根据实际情况调整教学内容和方法

教育机构应根据实际情况灵活调整教学内容和方法，以适应学生和教师的需求。例如，可以根据学生的反馈意见调整课程设置和教学重点，采用更加生动有趣的教学方法和活动，以提高学生的学习积极性和参与度。

（4）持续改进和完善

教育机构应持续改进和完善教学工作，不断提高教学质量和效果。这包括不断更新教学内容和资源，引入先进的教学技术和方法，培训和提升教师的教学能力和水平等。只有不断地改进和完善，教育教学才能不断地进步和发展。

二、强化思想政治的价值引导

（一）强化正确的思想政治理论教育

1.系统科学地教学内容

在"互联网+"时代，正确的思想政治理论教育具有重要的意义，因为在信息传播日益发达的今天，学生更容易受到各种信息的影响，其中既包括正确的信息，也包括错误的信息。因此，教师在进行思想政治理论教育时，应该通过系统科学地教学内容，向学生传授正确的政治理论知识，以帮助他们建立起正确的思想观念和政治认知。

第一，系统科学地教学内容应该包括政治体系的基本原理和运行机制。政治体系是国家政权组织和运行的基础，了解政治体系的基本原理对于学生深入理解国家政治生活和社会发展具有重要意义。教师可以通过系统地讲解和案例分析，介绍不同国家的政治体系，以及各种政治体系的优缺点和适用情况，帮助学生建立起对政治体系的正确认识。

第二，系统科学地教学内容还应该包括国家制度的基本概念和主要内容。国家制度是国家政权组织和运行的具体体现，了解国家制度的基本概念和主要内容对于学生了解国家的政治结构和运行机制至关重要。教师可以通过案例分析和实地考察，介绍不同国家的国家制度，以及各种国家制度的特点和运行规律，引导学生理解国家制度对国家政治生活和社会发展的影响。

第三，系统科学地教学内容还应该包括社会发展的基本规律和趋势。社会发展是国家和民族发展的基础，了解社会发展的基本规律和趋势对于学生把握时代脉搏、把握历史前进方向至关重要。教师可以通过系统地讲解和实例分析，介绍社会发展的基本规律和趋势，引导学生思考社会发展的动力和方向，激发他们对社会发展的兴趣和热情。

2. 培养批判思维和分析能力

除了传授理论知识外，教师在思政教育中还应该重点培养学生的批判思维和分析能力，这是培养学生成为具有独立思考能力和判断力的公民的重要途径之一。通过引导学生分析热点问题、解读政治事件等方式，教师可以帮助学生理解政治事件背后的本质和内涵，培养其对信息的辨别能力，使其能够辨别真假、分辨是非，形成科学合理的政治判断。

第一，教师可以通过引导学生分析热点问题来培养其批判思维和分析能力。热点问题通常是与时事紧密相关的问题，涉及政治、经济、文化等多个领域，对学生的思维能力和分析能力提出了挑战。教师可以选取一些具有代表性和影响力的热点问题，引导学生分析问题的背景、原因、影响以及可能的解决方案，激发学生的思维活跃度，提高他们的分析问题和解决问题的能力。

第二，教师可以通过解读政治事件来培养学生的批判思维和分析能力。政治事件是影响国家政治生活和社会发展的重要事件，学生通过分析政治事件的经过和结果，可以更深入地了解政治现象的本质和内涵，提高其对政治事件的理解和判断能力。教师可以选取一些具有代表性和影响力的政治事件，引导学生分析事件的背景、原因、影响以及可能的解决方案，让学生从中获取知识和经验，提高其分析问题和解决问题的能力。

第三，教师还可以通过案例分析、辩论讨论等形式，培养学生的批判思维和分析能力。通过案例分析，学生可以深入了解实际问题的发生原因和解决方法；通过辩论讨论，学生可以从不同的角度去思考问题，提高其对问题的全面理解和把握能力。教师可以组织学生开展小组讨论、辩论赛等活动，让学生在积极参与的过程中提高自己的批判思维和分析能力。

（二）加强价值观引导

1.讨论热点问题

组织学生讨论热点问题是思政教育中一种非常有效的教学方式，它能够激发学生的思维活跃度，引导他们思考社会现象背后的价值取向，从而提升其思想品德和道德修养。通过讨论，学生可以更深入地了解各种价值观念的内涵和影响，促进他们形成独立、辩证、科学的世界观、人生观和价值观。

第一，组织学生讨论热点问题可以帮助他们更好地理解社会现实。例如，针对当下社会上频繁出现的争议性事件或议题，如环境保护、人权问题、社会公平等，教师可以引导学生就不同立场、不同观点展开讨论。通过这种讨论，学生能够了解到不同人群对于同一问题的不同看法，从而更全面地了解社会现实，加深对社会复杂性的认识。

第二，组织学生讨论热点问题可以促进他们形成独立思考的能力。在讨论过程中，学生需要根据自己的思考和理解提出自己的见解，并与他人进行交流和辩论。这种交流和辩论过程不仅可以锻炼学生的逻辑思维能力和表达能力，还能够培养他们辩证思维和分析问题的能力。通过不断地参与讨论，学生能够逐渐形成独立、理性、客观的思维方式，从而更好地应对社会生活中的各种挑战和问题。

第三，组织学生讨论热点问题也有助于促进学生的团队合作和沟通能力。在讨论过程中，学生需要与他人进行交流和合作，共同探讨问题的核心，并找出解决问题的有效方法。通过与他人的互动和合作，学生能够提高自己的团队合作能力和沟通协调能力，培养出良好的人际关系和团队精神。

2. 开展实践活动

开展实践活动是促进学生思想政治教育的重要手段之一。通过参与社会实践、公益活动等，学生能够深入了解社会现实，感受不同价值观念之间的对立与融合，从而培养其独立、批判和责任感，进而形成自己独立而正确的价值判断。

第一，通过社会实践活动，学生可以更直观地感受到社会生活的多样性和复杂性。例如，组织学生参与社区服务、环保活动、志愿者活动等，让他们亲身接触到社会中的各种问题和挑战。在实践过程中，学生会遇到各种不同的人群和情境，从而更加深刻地理解社会的多样性和复杂性，增强对社会的认知和理解。

第二，通过实践活动，学生能够感受到不同价值观念之间的碰撞和冲突。在实践过程中，学生可能会遇到各种不同的观点和看法，甚至存在价值观念的对立。例如，在参与公益活动时，学生可能会面临资源分配、利益冲突等问题，需要思考和解决。这种实践中的碰撞和冲突，能够激发学生思考，促使他们深入思考自己的价值取向，并形成独立而理性的判断。

第三，实践活动还可以培养学生的责任感和社会责任意识。通过参与实践活动，学生能够体验到自己的行动对社会的影响，增强对社会的责任感和使命感。例如，通过参与环保活动，学生可以意识到自己的环境行为对环境的影响，从而更加珍惜和保护环境资源。这种责任感的培养，有助于学生形成积极向上的人生观和价值观，为未来的成长和发展打下坚实的基础。

3. 尊重学生的主体作用

在进行价值观引导时，教师应当充分尊重学生的主体作用，这是促进学生成长和发展的重要保障之一。尊重学生的主体作用意味着教师应该将学生视为教学活动的主体和参与者，注重发挥他们的主动性、创造性和独立思考能力，从而建立起一种平等、开放、自由的教学关系。

第一，尊重学生的主体作用意味着教师应当鼓励学生积极表达自己的意见和观点。在课堂教学中，教师可以设立各种交流平台，如小组讨论、课堂演讲、写作或辩论比赛等，鼓励学生展示自己的见解和想法。例如，在政治课堂上，可以通过讨论一些具有争议性的社会问题或政治事件，让学生发表自己的观点，并进行交流和辩论。这样做有助于激发学生的思维，增强他们的自信心和表达能力。

第二，尊重学生的主体作用还意味着教师应当倾听学生的想法和建议。在教学过程中，教师应该给予学生足够的话语权，积极倾听他们的声音，了解他们的诉求和需求。例如，可以定期组织学生座谈会或问卷调查，征集学生对课程设置、教学内容和教学方法的意见和建议，以便及时调整和改进教学工作。这样做有助于建立起师生之间的良好互动关系，增强学生对教学的认同感和参与度。

第三，尊重学生的主体作用还意味着教师应该注重引导学生的自主学习和自主思考。在"互联网+"时代，学生可以通过网络平台获取大量的信息资源，因此，教师应该引导学生学会利用网络资源进行自主学习和独立思考。例如，可以布置一些开放性的问题或任务，让学生通过查阅资料、调研分析等方式自主解决问题，培养他们的批判性思维和创新能力。这样做有助于激发学生的学习兴趣和动力，提高他们的学习效率和能力。

三、打造"互联网+"教学平台

（一）借助"互联网+"技术重新配置教育资源

1. 创新教育资源开发模式

在"互联网+"时代，创新教育资源开发模式对于提高教学效果和促进学生学习至关重要。这种模式的核心在于充分利用现代信息技术，打造多样化、便捷化的教学资源，从而满足学生个性化学习需求，提升教育教学的质量和效果。

一种创新的教育资源开发模式是建立在线教学平台。通过搭建在线教学平台，学校可以将课程内容、教学资源以及学习工具集成到一个统一的平台上，为师生提供便捷的学习环境。例如，一些高校建立了自己的网络学习平台，学生可以在上面获取课程资料、参与在线讨论、完成作业和测验等。这种模式不仅能够方便学生随时随地进行学习，还可以为教师提供在线教学和评估的便利工具，实现教学资源的高效利用和共享。

另一种创新的教育资源开发模式是开发虚拟实验室和模拟仿真软件。传统的实验教学通常需要大量的实验设备和实验室空间，而虚拟实验室则通过计算机技术模拟实验过程，使学生能够在虚拟环境中进行实验操作和观察。例如，物理、化学、生物等学科可以利用虚拟实验室软件进行模拟实验，学生可以在电脑上进行实验设计、数据采集和结果分析，从而提高他们的实验能力和科学素养。这种模式的优势在于节约了实验设备和空间资源，同时也降低了实验操作的风险，提高了实验教学的效率和安全性。

此外，开发在线课程和教学视频也是创新教育资源开发模式的重要方向之一。随着网络视频技术的发展，教师可以利用摄像设备和编辑软件制作精美的教学视频，将课堂内容生动形象地呈现给学生。例如，一些高校开设了各种在线课程，涵盖了各个学科领域和知识点，学生可以根据自己的学习需要选择并自主学习。这种模式不仅能够丰富学生的学习资源，还可以提高教学内容的可视化程度，增强学生的学习兴趣和体验。

2.搭建多元化的教学平台

搭建多元化的教学平台是"互联网＋"时代教育改革的重要举措，旨在为学生提供更加全面、便捷的学习资源和服务。一个多元化的教学平台应当具备以下几个方面的功能和特点：

（1）综合性的教学资源

教学平台应集合多种教学资源，包括在线课程、教学视频、教材资料、课件下载等。这些资源应涵盖各个学科领域和知识点，以满足学生的不同学习需求和兴趣。例如，学生可以根据自己的学习目标和课程要求，在平台上找到相关的在线课程和教学视频，进行自主学习和复习。

（2）在线答疑和辅导服务

教学平台应提供在线答疑和辅导服务，帮助学生解决学习中遇到的问题和困难。这可以通过设置在线答疑论坛、预约在线辅导等方式实现。学生可以在平台上向老师和同学提问，获取及时的解答和指导，提高学习效率和成绩水平。

（3）学习社区和互动交流

教学平台应建立学习社区和互动交流平台，促进学生之间的交流和合作。学生可以在平台上参与讨论、分享学习心得、组织学习小组等，与同学们共同探讨问题、交流经验，形成良好的学习氛围和合作氛围。

（4）个性化学习推荐

教学平台应根据学生的学习情况和兴趣爱好，提供个性化的学习推荐服务。通过分析学生的学习行为和偏好，平台可以推荐适合其水平和需求的课程和资源，帮助学生更有针对性地进行学习和提升。

（5）友好的用户体验和界面设计

教学平台的用户体验和界面设计至关重要。平台应具有简洁清晰的界面布局，方便学生快速找到所需资源和服务。同时，平台应支持多种终端设备访问，如 PC 端、移动端等，以满足学生随时随地的学习需求。

3.提升教学内容的现代性与实效性

在构建"互联网＋"教育平台时，提升教学内容的现代性与实效性是至关重要的任务。现代性指的是教学内容具有时代性、前瞻性和创新性，能够与时俱进

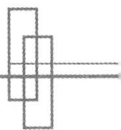

地反映当代社会的发展趋势和学科的最新进展。实效性则指的是教学内容能够真正起到教育教学的效果，能够满足学生的学习需求并带来实际的学习成果。

第一，要提升教学内容的现代性，需要结合当前社会热点和学科前沿，引入新颖的教学理念和方法。例如，针对信息时代的特点，可以引入数字化、虚拟化的教学资源，如虚拟实验室、在线模拟等，使学生能够在虚拟环境中进行实践操作和体验，增强他们的学习兴趣和参与度。同时，可以结合大数据和人工智能等技术，个性化地定制教学内容，根据学生的学习情况和兴趣特点，提供个性化的学习路径和资源推荐，从而提高教学效果和学习体验。

第二，要保持教学内容的实效性，需要不断优化和更新教学资源，确保其与时俱进。教育平台应建立完善的内容更新机制，定期评估和更新教学资源，及时跟进学科发展和教学需求变化，保持教学内容的新鲜度和有效性。例如，针对快速变化的科技领域，可以定期更新相关的教学内容和案例分析，引入最新的科技成果和应用案例，使学生能够了解最新的科技发展动态，并将其运用到实际学习和工作中。

第三，教育平台还应提供丰富多样的教学资源和学习工具，包括教学视频、在线课程、电子书籍、教学游戏等，以满足学生多样化的学习需求和兴趣爱好。通过多种形式的教学资源和互动活动，激发学生的学习兴趣，提高他们的学习动力和主动性，从而达到提升教学内容的实效性的目的。

（二）优化"互联网+"教学平台的功能与服务

1.强化教师与学生互动交流

在"互联网+"教育平台上，强化教师与学生之间的互动交流是提高教学效果和促进学生学习的关键。通过多种互动交流方式，可以打破传统教学中师生之间的时间和空间限制，使教学过程更加灵活和高效。

首先，教师可以利用在线讨论功能与学生进行交流和互动。通过设置不同的话题或讨论问题，引导学生展开思想交流和讨论，促进他们深入思考和学习。教师可以在讨论中及时解答学生的疑问，指导他们正确理解和掌握知识，同时也可以通过讨论了解学生的学习情况和学习需求，及时调整教学内容和方法。

其次，即时消息功能也是教师与学生互动交流的重要途径之一。教师可以通过即时消息与学生进行及时沟通和交流，解答他们在学习过程中遇到的问题，及时反馈学生的学习情况，提供个性化的指导和支持。同时，学生也可以通过即时消息向教师提出问题和建议，促进师生之间的密切联系和有效沟通。

再次，教育平台还可以设置在线答疑功能，方便学生在学习过程中随时提出问题并得到解答。教师可以定期在平台上设立答疑时间，回答学生的问题，并提供相关的学习资源和指导意见，帮助学生解决学习中的困惑和难题，提高他们的学习效果和成绩。

最后，学生之间的互相交流也是教育平台上的重要组成部分。通过学生之间的互相交流和分享，可以促进彼此之间的学习和成长，形成学习共同体和合作关系。学生可以在平台上分享学习心得和体会，互相帮助解决学习问题，共同进步。

2. 引入个性化学习模式

个性化学习模式的引入是"互联网+"教育的一大亮点，它将教学从传统的一刀切模式转变为更加灵活和个性化的学习方式。通过充分利用"互联网+"技术和数据分析手段，个性化学习模式可以为每位学生量身定制学习路径和内容，满足其个性化的学习需求和兴趣。

第一，个性化学习模式可以根据学生的学习兴趣和需求，为其提供定制化的学习路径。通过分析学生的学习历史、兴趣爱好和学习目标，个性化学习系统可以为每位学生设计适合其发展的学习计划，包括学习内容、学习时间安排等方面。例如，对于对某一学科感兴趣的学生，系统可以推荐相关的学习资源和课程；对于学习进度较慢的学生，系统可以提供针对性地辅导和复习计划，帮助其提高学习效率。

第二，个性化学习模式可以根据学生的学习能力和水平，提供个性化的学习资源和教学方式。通过分析学生的学习数据和表现，个性化学习系统可以评估学生的学习能力和水平，并根据其实际情况为其推荐适合的学习资源和教学方式。例如，对于学习能力较强的学生，系统可以提供更加深入的学习资料和挑战性的学习任务；对于学习能力较弱的学生，系统可以提供更加简单易懂的学习资源和辅导方式，帮助其渐进式地提高学习水平。

第三，个性化学习模式还可以根据学生的学习需求和反馈，及时调整和优化学习计划和资源。通过收集学生的学习反馈和评价，个性化学习系统可以了解学生对学习资源和教学方式的满意度和需求，及时调整和优化学习计划和资源，提高学生的学习体验和满意度。例如，根据学生的反馈意见，系统可以优化学习资源的内容和质量，提高其吸引力和实用性，从而更好地满足学生的学习需求。

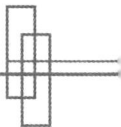

第二节 教师团队的培训与支持

教师思想政治教学的技能水平对教学的实效性有重大影响。在互联网时代，教学载体、模式以及环境都发生了变化，只有全面提升教师的信息素养，才能达到教师自我成长及保障教学实效的要求。应该结合教学实际，树立"互联网+"教育理念，完善信息与思想政治理论的整合，全面提升教师的信息素养，从而保障在"互联网+"语境下高校思想政治教育的实效性。教师的信息素养包括信息道德、信息能力、信息知识以及信息意识。

一、应该强化信息意识

（一）增强信息获取意识

1. 意识到信息技术的重要性

教师在教学过程中应当自觉地认识到信息技术在教学中的重要性。随着互联网的普及和信息化技术的发展，信息获取已成为教学不可或缺的一部分。教师应当认识到，利用信息技术可以丰富教学资源，提高教学效果，激发学生的学习兴趣。

2. 积极利用网络资源

教师应当积极主动地利用网络资源，包括互联网、数字图书馆、在线教学平台等，收集相关的教学资料和案例。通过网络资源的获取，教师可以为备课和课堂教学提供丰富的支持，提升教学的深度和广度。

（二）运用信息技术

1. 熟练运用互联网搜索引擎

熟练运用互联网搜索引擎已经成为现代教师备课和教学过程中的必备技能之一。通过有效地利用搜索引擎，教师可以迅速获取到丰富多样的信息资源，从而为教学活动提供有力支持，促进学生的学习效果和提升教学质量。

第一，互联网搜索引擎为教师提供了广泛的信息资源。无论是教学课件的制作、备课资料的查找，还是针对特定教学主题的案例分析和学术论文的搜集，互联网搜索引擎都能够提供丰富多样的内容。例如，当教师在备课过程中需要查找某一专业领域的最新研究成果时，通过搜索引擎可以快速找到相关的学术期刊论文或学术会议论文，从而及时了解到该领域的前沿动态，为教学内容的更新和补充提供有力支持。

第二，互联网搜索引擎为教师提供了高效的信息检索工具。通过合理使用搜索关键词和筛选条件，教师可以快速准确地找到所需的信息资源，节省大量的时间和精力。例如，当教师需要查找某一特定主题的教学案例时，可以通过搜索引擎输入相关关键词，并根据搜索结果的相关性和可信度进行筛选，从而快速找到符合要求的案例资源，为课堂教学提供实例支持。

第三，互联网搜索引擎还为教师提供了广阔的教学资源平台。许多知名的在线教育平台和教学资源网站都通过搜索引擎的索引服务，将其网站内容及时呈现在搜索结果中。教师可以通过搜索引擎访问这些平台，获取到各种类型的教学资源，如教学视频、教学课件、在线课程等，为课堂教学提供多样化的支持。

2.利用多媒体设备展示教学内容

利用多媒体设备展示教学内容是现代教学中的一种重要手段，它为教师提供了丰富多样的展示方式，能够生动形象地呈现教学内容，从而激发学生的学习兴趣和参与度。在课堂教学中，教师可以通过多媒体设备如投影仪、电子白板等，将文字、图片、音频、视频等多种媒体形式融合展示，达到更加直观、生动的教学效果。

第一，利用多媒体设备展示教学内容可以使教学内容更加生动形象。相比于传统的教学板书或口头讲解，多媒体展示能够通过图像、动画、视频等形式直观地展现教学内容，使抽象的概念和知识变得更加具体、易于理解。例如，在生物学课堂上，教师可以通过播放视频、展示动画等方式展示生物细胞的结构和功能，让学生更加直观地了解细胞的组成和生命活动过程。

第二，利用多媒体设备展示教学内容可以提高学生的学习兴趣和参与度。现代学生生活在信息化、多媒体化的环境中，他们对于图像、视频等多媒体形式的信息更加感兴趣和接受。因此，通过多媒体设备展示教学内容，可以吸引学生的注意力，激发他们的学习兴趣，使他们更加主动地参与到课堂学习中去。例如，在历史课堂上，教师可以利用投影仪展示历史事件的图片和视频资料，引导学生进行思考和讨论，从而提高他们对历史知识的理解和掌握。

第三，利用多媒体设备展示教学内容还可以促进教学资源的共享和交流。教师可以通过网络平台或在线课程管理系统将自己制作的多媒体教学资源分享给其他教师和学生，实现教学资源的共享和交流。这样不仅可以丰富教学内容，提高教学质量，还可以促进教师之间的教学经验交流和互相学习。

3. 借助在线教学平台进行课堂互动

在当今数字化时代，教师在课堂教学中不仅可以利用传统的教学方式，还应善于借助在线教学平台进行课堂互动。通过在线平台，教师可以开展多种形式的互动活动，如在线讨论、在线测验、网络投票等，从而促进学生的思维碰撞和交流互动，提高教学效果。

第一，利用在线教学平台进行课堂互动可以促进学生的积极参与和思维交流。传统的课堂教学往往以教师为中心，学生主要是被动接受知识，缺乏互动和思维碰撞的机会。而通过在线教学平台，教师可以设置各种互动环节，鼓励学生参与讨论、发表观点，激发他们的学习兴趣和主动性。例如，在语言课堂上，教师可以设置在线讨论话题，让学生在平台上发表自己的看法和意见，与同学进行互动交流，从而促进语言表达能力的提升。

第二，利用在线教学平台进行课堂互动可以增强学生的学习动力和效果。通过在线平台，教师可以设置在线测验和考试，及时了解学生的学习情况，为他们提供针对性地学习反馈和指导。同时，教师还可以根据学生的学习情况和表现，灵活调整教学内容和方式，使教学更加贴近学生的实际需求和水平。例如，在数学课堂上，教师可以通过在线平台设置随堂测验，检测学生的学习进度，及时发现和解决问题，提高教学效果。

第三，利用在线教学平台进行课堂互动还可以拓展教学资源和方式。教师可以在平台上上传教学资料、视频课件等资源，为学生提供丰富多样的学习资源。同时，教师还可以邀请专家学者进行在线讲座或答疑，拓宽学生的学术视野和知识广度。例如，在历史课堂上，教师可以邀请历史专家进行在线讲座，向学生介绍历史事件的背景和意义，拓展他们的历史知识和理解能力。

二、丰富信息知识

（一）教学方法与信息技术相结合

1. 教学内容与"互联网+"技术的结合

教师应该根据教学内容和教学大纲，将信息技术与教学内容相结合，设计出贴切的教学方法。例如，在讲授政治理论课程时，可以利用互联网搜索引擎查找相关案例和实例，并结合多媒体设备进行展示，使抽象的理论内容更加生动和具体。

2.设计多样化的教学案例和实例

教师可以利用网络资源和多媒体设备设计丰富多样的教学案例和实例。通过真实的案例和实例，学生可以更直观地理解抽象的理论知识，增强学习的效果和深度。同时，教师还可以借助信息技术，设计出互动性强、参与度高的教学活动，激发学生的学习兴趣和积极性。

（二）多种信息媒介的运用

1.文字和图片的运用

在教学过程中，教师可以运用文字和图片相结合的方式，呈现教学内容。文字可以传递理论知识和观点，而图片可以形象地展示相关的事例和图表，使学生更加直观地理解和掌握知识。

2.音频和视频的运用

教师还可以利用音频和视频等多媒体形式，进行教学内容的展示和讲解。通过音频和视频，可以生动地展现相关的场景和实例，激发学生的学习兴趣，并提高他们的学习效果。例如，可以播放相关的演讲或视频资料，引导学生进行思考和讨论，促进他们的学习交流和互动。

三、增强信息能力

（一）信息识别与评估

1.发展信息识别能力

教师在收集整理教学资源时，应不断提升自己的信息识别能力。这包括对信息来源的辨别、信息真实性的评估以及信息的时效性等方面。通过系统的培训和实践，教师可以逐步提高自己对信息的辨别能力，确保选取的教学资源具有可靠性和权威性。

2.进行信息评估与筛选

教师在收集到各种教学资源后，应进行信息评估与筛选。这包括对信息内容的准确性、完整性和相关性进行评估，并根据教学需要进行筛选和整理。只有经过严格评估的教学资源才能为学生提供有价值的学习内容，提升教学效果。

（二）教学资源的精选与传递

1.精心筛选教学资源

教师应该根据教学内容和学生的实际需求，精心筛选教学资源。这包括根据教学目标和教学大纲，选择与教学内容相符合的资源，并根据学生的学习水平和兴趣进行适当调整和优化。只有精心筛选的教学资源才能够有效地支持教学活动，提升学生的学习体验和效果。

2.传递清晰明确的教学内容

教师在教学过程中，应将精心筛选的教学资源传递给学生。这包括清晰明确地呈现教学内容，使学生能够准确理解和掌握所学知识。同时，教师还应该对教学内容进行适当解读和引导，帮助学生建立正确的政治思想观念，促进其思维能力和创造力的发展。

四、提升信息道德

（一）树立正确的信仰道德观念

1.强调信息传播的责任与影响

教师在信息传播中应树立正确的信息道德观念，意识到自己的言行举止对学生的影响。教师应认识到，信息传播不仅是知识的传递，更是对学生价值观和行为方式的塑造。因此，教师应该承担起信息传播的责任，确保传递的信息真实、准确、合法，避免传播虚假、不良信息。

2.塑造良好的信息道德形象

教师应以身作则，通过自身的言行和态度树立良好的信息道德形象。教师应注重言传身教，积极践行信息道德规范，诚实守信，言行一致，做到言传身教，以身作则，成为学生的良好榜样。只有树立了良好的信息道德形象，教师才能更好地引导学生树立正确的信息道德观念。

（二）引导学生树立正确的信息道德

1.指导学生正确利用信息资源

教师应引导学生正确利用信息资源，培养其良好的信息获取和利用能力。教师可以通过案例分析、实践活动等方式，引导学生正确识别和评估信息的真实性和可信度，培养其批判性思维和辨别能力，避免受到不良信息的误导。

2.培养学生的社会责任感和道德情操

教师应注重培养学生的社会责任感和道德情操，引导他们树立正确的信息道德观念。教师可以通过课堂讨论、专题讲座等方式，引导学生认识到信息传播的重要性和影响力，强调言谈举止对他人和社会的影响，培养他们具有社会责任感和道德情操的公民意识。

第三节　学生参与反馈

一、以学生为中心的教学理念为先导

（一）了解学生需求与特点

在"互联网+"时代，高校思政教育需要以学生为中心，充分考虑学生的个性化发展需求。通过调查问卷、学生座谈会等形式，深入了解学生的兴趣、特长、学习习惯和认知状况，以及他们的思想倾向和需求。这有助于教师更好地把握学生的思想动态，为思政课教学提供针对性地参考。

1.调查问卷与学生座谈会

高校可以定期组织学生填写调查问卷，了解他们对思政课程的认知和期待，以及在学习过程中遇到的困难和问题。同时，可以组织学生座谈会，让学生直接表达对课程的看法和建议，从而更加深入地了解他们的需求和特点。

2.个性化发展需求考量

学生在学习和成长过程中具有不同的个性化发展需求。有些学生可能对某些思政话题更感兴趣，而有些则可能更关注实践活动。教师需要根据学生的不同需求，灵活调整教学内容和方法，以满足他们的学习需求。

3.认知状况和思想倾向了解

了解学生的认知状况和思想倾向，有助于教师更好地把握教学重点和难点，以及引导学生进行正确的思想引导。通过对学生的思想倾向和认知状况的了解，可以更有针对性地设计教学内容和活动，提高教学效果。

（二）运用互动式教学手段

在教学过程中，教师可以运用现代信息技术，引入互动式教学手段，从而促进学生的参与和反馈，激发其积极性和主动性。这样的教学方式有助于增强学生的学习体验，提高课堂效果。

1. 在线讨论与网络投票

教师可以通过在线平台组织学生进行讨论和投票，让学生在虚拟空间中展开思想碰撞和交流。通过这种方式，学生可以自由地表达观点，与同学进行讨论，增进对课程内容的理解和掌握。

2. 小组讨论与虚拟实验

教师可以将学生分成小组，让他们在虚拟平台上进行小组讨论或虚拟实验，共同探讨问题并解决难题。这种合作学习的方式有助于培养学生的团队合作精神和解决问题的能力。

3. 社会实践与线上讲座

通过组织学生参与社会实践活动或线上讲座，教师可以拓宽学生的视野，增强他们的社会责任感和思政素养。学生通过实践活动和听讲座的方式，能够更深入地了解社会现实和思政课程的理论知识，从而提升自己的综合素质。

二、以丰富立体的教学内容为保障

（一）制作丰富多样的在线教学资源

1. 微课制作

教师可以按照专题或主题，制作短小精悍的微课，以满足学生在碎片化时间里的学习需求。微课的特点是简短易懂、生动形象，能够迅速吸引学生的注意力，提供高效的学习体验。通过微课的制作，教师可以将抽象的理论知识转化为具体的案例和实例，让学生更好地理解和掌握知识。

2.PPT 设计

制作精美、内容丰富的 PPT 课件，是提高教学效果的重要手段之一。教师可以利用 PPT 展示教学内容，结合图片、文字、图表等多种形式，直观地呈现知识点，激发学生的学习兴趣。通过 PPT 设计，教师可以将抽象的概念具体化，让学生更容易理解和记忆。

3.音频、视频资源

教师可以收集或制作相关的音频和视频资源，用于辅助教学。例如，录制讲解课程内容的音频或视频，制作教学案例的视频剪辑等。通过音频和视频的形式，可以生动形象地展示教学内容，吸引学生的注意力，加深他们对知识的理解和记忆。

4.网络资源选择

教师应当利用互联网资源丰富教学内容，例如学术论文、专家讲座、教育视频等。通过选择与教材内容贴合的优质在线资源，教师可以为学生提供更广阔的知识视野和更深入的学习体验。同时，教师还应当注重对网络资源的筛选和评估，确保资源的可信度和准确性。

（二）引导学生主动获取和利用信息资源

1.信息检索技能培养

在当今信息爆炸的时代，信息检索技能已成为学生必备的基本能力之一。教师应该引导学生掌握信息检索的基本技能，如使用搜索引擎、学术数据库等工具。通过培养学生的信息检索能力，教师可以帮助他们快速准确地获取所需的学习资源，提高自主学习的效率。

第一，学生需要学会有效地利用搜索引擎进行信息检索。搜索引擎是学生获取各种信息的主要途径之一，但要想获取准确、可靠的信息，学生需要掌握一定的搜索技巧。例如，他们需要学会使用关键词进行搜索，合理组织搜索语句，筛选和评估搜索结果等。教师可以向学生介绍一些常用的搜索引擎，并指导他们如何利用这些工具进行高效的信息检索。例如，针对科研领域的学生，教师可以引导他们使用 Google Scholar 等学术搜索引擎，获取相关的学术文献和研究成果。

第二，学生还应该学会利用学术数据库等专业工具进行信息检索。学术数据库是学术界重要的信息资源，其中包含了大量的学术期刊、论文等文献信息，对于开展科研工作和撰写论文十分重要。教师可以向学生介绍一些常用的学术数据库，如 Web of Science、Scopus 等，并指导他们如何利用这些数据库进行文献检索和文献分析。通过学习和使用学术数据库，学生可以获取到更加权威和可信的学术信息，提高学术研究的水平和质量。

第三，教师还可以通过课堂教学和实践活动等方式培养学生的信息检索能力。例如，可以在课堂上组织信息检索的案例分析和实践演练，让学生在实际操作中掌握信息检索的技巧和方法。同时，教师还可以布置一些信息检索的作业和项目，要求学生利用所学的技能和工具完成信息检索任务，提高他们的实际应用能力。

2. 信息筛选与评估

在信息爆炸的时代，学生需要具备良好的信息筛选和评估能力，以确保获取到的信息真实可靠。教师在教学中起着至关重要的作用，他们应该教导学生如何筛选和评估网络资源的质量和可信度，培养学生的信息鉴别能力和批判思维。

第一，教师可以向学生介绍一些常见的信息鉴别方法和技巧。例如，学生可以通过查看信息来源、作者身份、发布时间、内容可信度等方面来评估信息的真实性和可靠性。教师可以通过案例分析的方式向学生展示一些典型的网络虚假信息，并指导他们如何从多个维度来判断信息的真伪。通过这种方式，学生可以逐渐培养起辨别信息的能力，提高对信息的敏感性和警惕性。

第二，教师还可以组织学生进行信息评估的实践操作。例如，可以让学生选择一个特定的话题，然后利用网络搜索相关信息，并对所获取的信息进行评估和比较。学生可以根据信息的来源、权威性、客观性等方面，对不同的信息进行打分和排序，从而找出最有价值和可信度最高的信息。通过这种实践活动，学生可以将所学的信息鉴别技巧应用到实际情境中，加深对信息评估方法的理解和掌握。

第三，教师还可以利用课堂教学和讨论等形式，引导学生思考信息真实性和可信度背后的原因和影响。通过与学生的互动交流，教师可以帮助他们理解信息传播的规律和特点，认识到信息对个人和社会的重要性，从而增强他们对信息筛选和评估的重视和意识。

3. 学习交流与合作

在当今信息时代，学习交流与合作不再局限于传统的面对面方式，而是更多地发生在网络上。教师在教学中应积极鼓励学生在网络平台上进行学习交流和合作，以促进彼此之间的互动与合作，拓宽学生的学习视野，提升学习效果。

第一，教师可以通过在线讨论的形式鼓励学生进行学习交流。在线讨论是一种有效的学习方式，可以让学生在虚拟空间中自由地表达观点、分享见解，与同学们进行深入的学术讨论和交流。例如，教师可以设立在线讨论主题，要求学生在特定时间段内在网络平台上就某一话题展开讨论，让学生们充分发挥自己的思维和创造力，积极参与到讨论中去。

第二，教师还可以组织学生进行小组合作学习。小组合作是一种有效的学习方法，可以促进学生之间的合作精神和团队意识，培养他们的沟通能力和协作能力。教师可以将学生分成小组，每个小组负责一个学习任务或项目，要求他们共同协作、分工合作，通过网络平台进行信息收集、资料整理和成果展示。通过小组合作学习，学生可以相互学习借鉴，共同解决问题，提高学习效率和学习成果。

第三，教师还可以建立学习社区或学习群组，让学生们在这个虚拟的学习空间中进行交流和合作。学习社区可以是一个开放的平台，学生可以在这里分享学习资源、讨论学习问题、解答疑惑，相互交流学习经验和心得体会。通过学习社区的建立，可以打破传统教学中的时间和空间限制，让学生们随时随地都能参与到学习交流和合作中来。

参考文献

[1] 王舟.浅论"网络直播"对高校思想政治教育的影响与挑战 [J].才智，2018（23）：152.

[2] 谢晓燕，游颖.高校对学生网络直播参与行为进行引导的对策研究 [J].教育现代化，2019，6（19）：192-194.

[3] 钟风云，牛哲鸣.网络直播对大学生的影响及对策探讨 [J].科学咨询（教育科研），2019（10）：36-37.

[4] 黄京，杨雪莹，李晓明，等.网络直播对大学生影响的研究 [J].高教学刊，2018（03）：191-193.

[5] 刘长宇，邓超，张帧.网络直播平台：大学生思想政治教育的新载体 [J].胜利油田党校学报，2017（02）：123-125.

[6] 耿海霞.基于网络直播平台开展"95 后"大学生思政教育的可行性分析 [J].常州信息职业技术学院学报，2017（5）：83-86.

[7] 夏林，余嘉伟，吴锦华.低俗网络直播冲击下的大学生思想教育研究 [J].吉林广播电视大学学报，2019（11）：63-64.

[8] 王静.高校思政课线上线下混合教学模式应用研究 [J].黑龙江教师发展学院学报，2022，41（8）：38-40.

[9] 陈琳，陈仕伟.大数据时代高校思政课混合教学模式研究：优势、问题与对策 [J].保山学院学报，2022，41（3）：7-12.

[10] 邓煜衡.高校思政课在线教学的问题及其对策研究 [D].南昌：江西财经大学，2022.

[11] 于长征.基于高校思政课线上线下混合教学实效性提升的研究 [J].黑龙江教师发展学院学报，2022，41（4）：30-32.

[12] 王妍熙.融媒体视角下高校网络思想政治教育的困境与突破 [J].现代商贸工业，2024（1）：175-177.

[13] 孙卉.新媒体环境下基于文化育人的大学生思政教育研究 [J].新闻研究导刊，2023（23）：200-202.

[14] 林海斌 . 新媒体环境下大学生思想政治教育网络路径分析 [J]. 才智，2023（35）：25-28.

[15] 王晓娟 . 新媒体时代高校辅导员思想政治教育方法探究 [J]. 新闻研究导刊，2023（22）：217-219.

[16] 周晓玲 . 新媒体视域下高校文化育人创新研究 [J]. 传媒论坛，2023（22）：115-117.

[17] 王栋，朱艳艳 . 新媒体环境下高校思政课话语体系重塑 [J]. 教书育人（高教论坛），2023（33）：76-78.

[18] 魏华，李棉 . 新媒体背景下高校课程思政教学质量评价体系构建 [J]. 世纪桥，2023（11）：88-90.

[19] 孙静 . 论新媒体时代高校思想政治教育的挑战与机遇 [J]. 哈尔滨职业技术学院学报，2023（6）：47-49.

[20] 李丽君，黄翘燕 . 新媒体视域下高校开展网络思政教育实践研究 [J]. 现代商贸工业，2023（24）：207-209.

[21] 孔令轩 . 刍议新媒体环境下高校思想政治教育途径创新 [J]. 今传媒，2023（11）：185-188.

[22] 王燕 . 新媒体时代高校思政教育课程改革路径探析 [J]. 新闻研究导刊，2023（21）：200-202.

[23] 李擎，孙铁，程海雨，等 . 运用新媒体开展思政工作体系建设与实践路径探索 [J]. 北京教育（高教版），2023（10）：65-67.

[24] 杨柳婷 . 新媒体在高校思政教学实践中的运用策略探析 [J]. 新闻研究导刊，2023（19）：189-191.

[25] 尹涛 . 新媒体视域下大学生思想政治教育工作实效提升探析 [J]. 吉林教育，2023（29）：78-80.

附　录

附录一　课堂问卷调查样本

尊敬的同学：

为了不断改进课堂教学质量，我们诚挚邀请您参与本次课堂问卷调查。您的意见和建议对我们非常重要，请您如实填写以下问题，感谢您的配合！

1. 您对本门课程的整体满意度如何？（请打"√"选择）

非常满意（　）

比较满意（　）

一般（　）

不满意（　）

2. 您认为本门课程的教学内容是否丰富、充实？请简要说明您的看法。

_____

_____

3. 您对本门课程的教学方法有何评价？是否有助于您的学习？

_____

_____

4. 您对教师的教学态度和风格有何评价？请简要描述您的感受。

_____

_____

5. 您觉得本门课程是否能够帮助您提升思政素养和综合能力？

_____

_____

6.您是否有其他建议或意见想要向我们提出？

_____

_____

谢谢您的参与！

教育者（签名）：_____

日期：_____

请在以上问题后填写您的回答或意见：

（以上为问卷调查样本，请同学们如实填写，谢谢！）

附录二　示例问卷调查

1.在您参与的思政教育活动中，您认为哪些方面对您的思想政治素质提升最为重要？请列举并说明。

_____

_____

2.您认为目前的思政教育内容是否与您的学习需求和兴趣相符？如果不符合，您希望增加或改进哪些内容？

_____

_____

3.在过去的学期中，您参与了多少次思政教育相关的活动（包括课堂讨论、社会实践、志愿服务等）？您对这些活动的参与度如何？

_____

_____

4.您对您的思想政治素质有何自我评价？请简要描述您的观点。

_____

_____

5.您认为学校在思政教育方面存在哪些可以改进的地方？您对学校在思政教育方面的发展有何建议？

_____

6. 对于您所参与的思政教育课程或活动，您对教师或组织者的教学方法和组织安排有何评价？请分享您的看法和建议。

---

7. 您认为思政教育对您的个人成长和发展有何重要影响？请谈谈您的体会和感受。

以上问卷调查旨在了解学生对思政教育的看法和感受，以及对教育内容和方式的评价和建议。通过收集和分析这些数据，学校可以更好地了解学生的需求和意见，为思政教育工作的改进提供参考和支持。